◎ 教育部人文社会科学研究青年基金项目（22YJC790079）
◎ 湖南省教育厅科学研究优秀青年项目（24B0558）

股票价格的长期趋势与周期波动研究

刘 娟 著

中国矿业大学出版社

China University of Mining and Technology Press

·徐州·

图书在版编目（CIP）数据

股票价格的长期趋势与周期波动研究 / 刘娟著 .
徐州：中国矿业大学出版社，2025.3. — ISBN 978-7
-5646-6722-1

Ⅰ . F832.51

中国国家版本馆 CIP 数据核字第 2025R1S597 号

书　　名	股票价格的长期趋势与周期波动研究	
	Gupiao Jiage de Changqi Qushi yu Zhouqi Bodong Yanjiu	
著　　者	刘　娟	
责任编辑	章　毅	
出版发行	中国矿业大学出版社有限责任公司	
	（江苏省徐州市解放南路 邮编 221008）	
营销热线	（0516)83885370　83884103	
出版服务	（0516)83995789　83884920	
网　　址	http://www.cumtp.com　**E-mail**: cumtpvip@cumtp.com	
印　　刷	湖南省众鑫印务有限公司	
开　　本	710 mm×1000 mm　1/16　印张 12　字数 183 千字	
版次印次	2025 年 3 月第 1 版　2025 年 3 月第 1 次印刷	
定　　价	84.00 元	

（图书出现印装质量问题，本社负责调换）

刘　娟　女，经济学博士，湖南工商大学财政金融学院交叉科学系副主任，硕士生导师。主要研究方向为股票市场波动与金融风险管理。近年来主持教育部人文社会科学研究青年基金项目1项、湖南省教育厅科学研究优秀青年项目1项及行业委托项目多项；参与国家级及省部级科研项目多项。在《经济研究》《系统工程理论与实践》、*Physica A*、*Applied Economics* 等国内外重要期刊上发表论文多篇；出版国家级规划教材1部（《保险学》，副主编）。

前　　言

　　近年来，党中央及国务院在关于资本市场改革发展的一系列决策部署中多次强调，资本市场要贯彻新发展理念，聚焦高质量发展。资本市场通过自身功能作用的发挥，能够促进企业积极创新、推动供给侧结构性改革、引导投资资金关注上市公司质量，而这些都是经济高质量发展的重要组成要素。股票市场是资本市场的"神经枢纽"，承担着为实体经济发展服务的重要功能，是资源优化配置的重要手段，也是投资者共享实体经济发展成果、实现共同富裕的重要渠道。因此，股票市场的高质量发展是经济高质量发展的重要"助推器"。

　　我国股票市场作为全球新兴市场的典型代表，是全国乃至全世界重要的投资场所。在过去30多年里，我国宏观经济保持稳步增长，经济总量自2010年后稳居世界第二。但是，在宏观经济指标持续向好的背景下，我国股市却长期处于一种不稳定的状态，经历了数次暴涨暴跌的股市奇观。学者们曾试图从政策、制度、投资者特征等多个方面寻找引起上述异象的原因，但他们普遍只关注股价指数本身的波动特征及其影响因素，并基于此讨论股价指数与宏观经济之间的关联性。鲜有文献从长期与短期或者说趋势与周期的角度深入分析我国股市的波动特征、影响因素及其与宏观经济基本面之间的关联性。这样一来，难以准确把握我国股市是否从长期意义上真正背离了经济基本面及其背离程度，更难以全面分析我国股市长期趋势与周期波动的运行规律及其关键影响因素。本书将在总结我国股市典型运行特征的基础之上，提出能够准确分离股价指数的趋势成分与周期成分的计量方法，然后分别从长期与短期、理论与实证角度建立系统分析框架，深入探究我国股市在经济高速发展的背景下却频繁出现异常波动的内在原因及关键影响因素。

目前，针对经济时间序列的建模和趋势周期分解方法犹如汗牛充栋，但它们仍局限于1阶差分平稳过程。然而，现实中大量的非平稳序列并不是严格的1阶差分平稳过程，比如房价、股价等具有长记忆性的资产价格序列，它们通常是分数阶差分平稳过程。如何对更广泛的分数阶差分平稳过程进行趋势周期分解还值得进一步研究。本书对经典的趋势周期分解方法进行拓展，并结合我国股市存在的长记忆性、分数阶协整及结构性变化等特征提出一些新的单变量或多变量计量模型及趋势周期分解方法，包括存在对称阈值的长记忆 - 条件异方差模型、引入马尔科夫机制转换结构的分数阶协整向量自回归模型及其趋势周期分解方法。

为探究我国股市长期趋势的基本特征及其关键影响因素，理论上在一个单部门生产经济中考虑投资者的效用最大化问题，从而建立一个能够体现股价与宏观经济之间关系的简单定价模型。根据理论模型得出：产出 - 资本比、投资 - 资本比以及生产率是影响股价的主要基本面因素。实证上使用既能容纳结构性变化又考虑了分数阶协整的 MS-FCVAR 模型及其趋势周期分解方法，并发现了两个重要结论：其一，在2007年第4季度前后，变量间的长期协整关系发生了结构性变化。主要体现在产出 - 资本比率对股价的影响由负转为正，其原因可能是2007年以后拉动我国经济增长的动力逐渐发生了变化。其二，股价指数与生产率之间有着共同趋势，但它与协整系统中其他经济变量间不存在共同周期。换言之，从长期趋势来看，股票价格与宏观经济之间有着非常紧密的关联性，其中最关键的影响因素是生产率。从周期成分来看，股价波动与宏观经济之间的关联性非常微弱。

为探究我国股价指数的周期波动特征及其影响因素，本书重点考虑了投资者的非理性外推预期。理论上使用基于生产率的定价模型，并同时考虑了生产率的长期增长风险和投资者的非理性外推预期，由此在一定程度上解释了我国股票价格的风险溢价及大幅波动之谜。实证上利用模拟的投资者外推预期数据，并选取 PPI、投资、固定资本形成额三个经济变量，与股价周期成分一起建立结构向量自回归模型，以分析它们之间的短期影响机制。结果表明，投资者外推预期对股价周期成分有着非常重要的影响作用。

　　股票市场的趋势与周期分解还可应用于股票市场的趋势预测与转折点识别。本书通过对股价序列进行趋势与周期分解，再利用小波领袖法分析股价周期成分的多重分形特征，从而提出两个可行的转折点识别指标。一个是基于小波领袖法的3阶多重分形参数；另一个是小波领袖法与离散小波变换的标度指数值之间的差异大小。将它们应用于上证指数和道琼斯指数，本书发现这两个指标在识别关键转折点及高风险点方面都有着良好的表现。通过与已有文献提出的识别指标进行对比测试发现，本书提出的两个指标具有更加突出的转折点识别能力。

　　本书由教育部人文社会科学研究青年基金项目"股票市场高质量发展的关键驱动因素研究"（项目批准号：22YJC790079）、湖南省教育厅科学研究优秀青年项目"碳排放约束下转型风险对股票价格的短期冲击与长期影响"（项目编号：24B0558）资助。

　　本书可供金融监管机构、金融风险管理人员、金融从业者、股票市场投资者、金融领域的科研人员以及高等院校金融类专业的师生参考。本书在写作过程中得到了深圳大学谭政勋教授的悉心指导，得到了湖南工商大学财政金融学院领导、同事的诸多帮助和亲切关怀，在此致以诚挚感谢。

刘　娟

2024年9月

目　录

第1章　绪论 ……………………………………………………… 1

  1.1　研究背景及意义 …………………………………………… 1

  1.2　国内外相关研究综述 ……………………………………… 5

    1.2.1　股票市场的长记忆、均值回复与可预测性 …………… 5

    1.2.2　趋势与周期分解方法 ………………………………… 10

    1.2.3　股票市场与宏观经济基本面 ………………………… 16

    1.2.4　股票市场与投资者预期 ……………………………… 20

  1.3　主要研究内容与创新之处 ………………………………… 24

    1.3.1　主要内容及结构安排 ………………………………… 24

    1.3.2　创新之处 ……………………………………………… 28

第2章　我国股票市场的运行特征 ……………………………… 31

  2.1　我国股市的"牛熊"周期特征 …………………………… 31

  2.2　对比美国股市的"牛熊"周期 …………………………… 39

  2.3　与宏观经济基本面的关联性 ……………………………… 49

  2.4　我国股市的均值回复与可预测性 ………………………… 52

  2.5　本章小结 …………………………………………………… 58

第3章　趋势与周期分解方法 …………………………………… 60

  3.1　经典的趋势与周期分解方法 ……………………………… 60

    3.1.1　单变量趋势周期分解 ………………………………… 61

    3.1.2　多变量趋势周期分解 ………………………………… 66

3.2 基于 ARFIMA 模型的趋势周期分解 ················· 71

3.3 考虑随机冲击持久效应的趋势周期分解 ············· 74

3.4 基于 FCVAR 模型的趋势周期分解 ················· 77

3.5 基于 MS-FCVAR 模型的趋势周期分解 ············· 81

   3.5.1 MS-FVAR 模型及其估计 ················· 82

   3.5.2 MS-FCVAR 模型及趋势周期分解 ··········· 86

3.6 本章小结 ································· 87

第4章 我国股市的长期趋势与宏观经济基本面 ··········· 89

4.1 股价与经济基本面之间关系的理论模型 ············· 89

4.2 变量的选取与数据来源 ······················ 94

4.3 计量方法及实证结果分析 ····················· 98

   4.3.1 计量方法 ························· 98

   4.3.2 实证结果分析 ····················· 100

4.4 本章小结 ································ 107

第5章 我国股市的周期波动与投资者预期 ·············· 109

5.1 考虑生产率长期风险与投资者外推预期的定价模型 ······ 109

5.2 模型校准与模拟 ·························· 113

   5.2.1 参数校准 ························ 114

   5.2.2 模拟结果分析 ····················· 115

5.3 股价周期成分与投资者预期 ··················· 119

5.4 本章小结 ······························ 124

第6章 股票市场的趋势预测与转折点识别 ·············· 126

6.1 转折点识别方法 ·························· 126

   6.1.1 小波领袖法 ······················ 127

   6.1.2 两个转折点识别指标 ·················· 129

6.2　数据与识别结果 ·· 131

　　6.2.1　道琼斯工业平均指数 ······················· 132

　　6.2.2　上证综合指数 ······························· 136

6.3　对比 Bai 等（2015）的转折点识别方法 ············· 138

6.4　本章小结 ··· 143

第7章　总结与启示 ·· 144

7.1　研究结论 ··· 144

7.2　研究展望 ··· 146

7.3　研究启示 ··· 148

　　7.3.1　着力提升全要素生产率 ····················· 148

　　7.3.2　加强引导市场理性预期 ····················· 149

　　7.3.3　加快构建良性互促机制 ····················· 150

附录　基于1阶单整模型的转折点识别结果 ············· 152

参考文献 ··· 154

第1章 绪　　论

1.1　研究背景及意义

股票市场是一个国家或地区经济与金融活动的重要场所，是企业筹措生产资本、社会资金合理流动和优化配置的重要渠道。它不仅能够灵敏地反映出资金供求状况、行业前景和政治经济形势的变化，而且能够给投资者带来巨大的潜在收益。因此，人们不断致力于研究其影响因素、工作机制及市场特征。股票市场作为一个复杂的系统，涉及政治、经济、社会、心理等各个方面。股票市场的运作遵循基本的经济供求理论，股票的市场价格由总需求和总供给的相互作用决定。具体来说，从长期来看，股票价格是由基本面因素所决定的。宏观层面，经济发展状况是一个重要的基本面因素，股票价格会根据经济指标的变化灵敏地做出反应。微观层面，重要的基本面因素包括企业的经营状况、发展前景、管理水平等。从短期来看，投资者的心理因素、行为因素以及投资者对公司价值的共识等，会直接影响股票的供求平衡，从而驱动股价。

我国股票市场作为全球新兴市场的典型代表，承载着社会主义市场经济金融发展的重任，是全国乃至全世界重要的投资场所。在过去30多年里，我国宏观经济保持稳步高速增长，经济总量与美国的差距逐步缩小，稳居世界第二。但是，在宏观经济指标稳步向好的背景下，我国股市却与发达市场的稳步攀升行情截然不同，长期处于一种不稳定状态，极易受到特殊事件与意外消息的影响，经历了数次暴涨暴跌的股市奇观。这种频繁的剧烈波动不仅会对资本市场产生负面影响，而且还有可能影响到整个金融体系甚至是实体经济的稳定。以

2015年的暴涨暴跌为例，在暴涨过程中，股市的赚钱效应明显，杠杆交易盛行，这大大增加了股市投资的非理性行为，致使资金大量流入股市，杠杆系数迅速增加，产生股市泡沫。高杠杆资金在市场开始调整时迅速出逃，暴跌之下是市场恐慌情绪的快速蔓延。在被动去杠杆的过程中，还会造成非杠杆资金的离场，从而导致市场进一步下跌。这种异常疯涨之后的市场持续大幅下跌，可能会威胁到金融体系的整体稳定，还有可能使得金融系统丧失为生产性投资需求融资的功能。

学者们曾试图从政策、制度、投资者特征等多个方面寻找引起我国股市异常波动的原因，但对于我国股市的每一次大起大落，其背后的主要原因都有所不同，因此，引起股市大幅波动的因素总是在不断更新。也有部分学者对我国股市与其宏观经济基本面之间的关联性产生了质疑，普遍认为我国股市已严重背离其宏观经济基本面。但他们普遍只关注股价指数本身的波动特征并分析其影响因素，没有从长期与短期或者说趋势与周期角度深入分析我国股市的波动特征、影响因素及其与宏观经济基本面之间的关联性。这样一来，难以准确把握我国股市是否从长期角度真正背离了经济基本面及其背离程度，更难以全面分析我国股市长期趋势与周期波动的产生机理、运行规律及其关键影响因素。本书将在总结我国股市基本运行特征的基础之上，提出能够准确分离股票市场趋势与周期的计量方法，最后分别从长期与短期、理论与实证分析角度建立系统研究框架，深入探究我国股市在经济高速发展的背景下却频繁出现异常波动的内在原因及关键影响因素。在以经济高质量发展为主题的新发展阶段，对于这一客观问题的研究，对维护我国金融体系稳定、防范系统性风险，为实现我国股市健康稳定发展，使其更好地为经济高质量增长提供金融支持、充分发挥经济"晴雨表"作用等目标提供有力的理论依据，具有重要的现实意义。

从长期与短期的角度分析我国股市的波动特征及其关键影响因素的前提是准确分离股票价格指数的趋势与周期，这也是本书的重点研究内容之一。对经济周期的关注以及对经济序列进行趋势周期分解已有一段悠久的历史，大概可以追溯到19世纪下半叶。20世纪以前，经济学家们虽然已经观察到了经济活动与金融活动的不稳定性，但普遍认为经济时间序列的周期性波动只是经济暂时偏离了其均衡状态，市场内部是非常稳定的，市场的力量可以促使经济快速恢复其均衡状态。这种周期性波动就是后来所说的"经济周期"，这种内在的均衡状态也就是所谓的长期趋势成分。也正因相信市场经济体系内部的充分稳定性，经济序列中的这种趋势与周期在当时并没有引起足够的重视。直至20世纪30年代资本主义社会普遍出现了"大萧条"，面对失业率的持续上升与市场经济的长期低迷，以凯恩斯为代表的宏观经济学派对经济周期开始了密切关注，并对经济周期的起因、经济波动过程中偏离其均衡状态的程度、市场体系内部是否稳定，以及对行政当局的政策建议进行了深入探讨，这对经济学理论的发展产生了巨大的影响。由此，经济时间序列的趋势周期分解得到了空前的重视。然而，到目前为止，相比对经济周期的了解，人们对金融周期的了解还非常有限。事实上，早在20世纪30年代，以 I. Fisher 为代表的一大批学者就已经强调了金融周期对实体经济的重要性。但二战以后，经济学家们对金融周期的关注逐渐减少了，因为在研究经济周期时，金融周期往往被认为是可忽略的。21世纪初期，席卷全球的金融危机引发了许多反思，经济学家们将关注点重新放回到金融周期上，并将金融周期或其他金融因素纳入对经济周期的建模及分析中。尽管对金融周期的研究正逐步扩大，但仍远少于对经济周期的研究，特别是对股票市场周期，知之甚微。本书重点关注股票周期及其分离，是对金融周期研究领域的重要扩展。

　　经济时间序列通常被认为是趋势平稳或者1阶差分平稳序列。所谓趋势平稳序列，就是序列的长期趋势成分是一条持续上升的直线，而周期成分则围绕这条直线上下波动。因此，只需将原序列对时间进行回归，拟合一个关于时间的线性函数就可以得到其趋势成分，剩下的便是一个平稳的周期成分。1阶差分平稳序列指的是非平稳的序列经过1阶差分之后变为平稳序列。该序列的趋势不一定是关于时间的简单线性函数，它不仅包含了确定性趋势还可能包含随机性趋势。1阶差分平稳序列的趋势周期分解目前在经济周期的研究中应用最为广泛。同时，目前关于资产价格序列的趋势与周期分解大多也沿用了分解经济周期的方法。但是，不同于经济时间序列或其他资产价格序列，股票价格指数有其独特的波动特征，尤其是股票收益率或波动率通常被认为具有长记忆性。并且，股票周期也有不同于经济周期的典型特征，例如周期长度、波动幅度等。这样一来，用趋势平稳序列或者1阶差分平稳序列来刻画股票价格指数并不合适。虽然学者们早已注意到了股票价格序列的这种长记忆特性，并且提出用分数阶差分平稳过程来刻画股票价格序列，但到目前为止还没有一个能准确度量分数阶差分平稳过程（或者说股票价格序列）的趋势与周期的合理方法。因此，针对以股票价格为代表的分数阶差分平稳过程，提出合适的、准确的趋势与周期分解方法，并基于此进一步细致分析其长期趋势和周期波动的主要特征及影响因素，这具有重要的学术价值和方法论意义。

股市的长期趋势主要受经济基本面因素影响，而周期波动主要受投资者行为因素影响，国外的相关研究基本上对此已达成了共识。但对于我国股市而言，其长期趋势是否与经济基本面存在关联性？若存在关联性，影响股价指数长期趋势的关键因素又是什么？其周期波动是否受投资者行为因素影响，又与投资者的何种行为紧密相关？这些悬而未决的问题还没有得到一个普遍认可的答案。在解决股票价格趋势与周期分解这一关键问题之后，本书对于上述几个问题的研究将从理论和实证两个分析角度展开。理论研究不依赖于现实数据，但需要事先对理论模型做出一些合理的假定，一般均衡理论及资产定价模型是解决上述问题的传统方法，但也存在一些局限性，例如经典的资本资产定价模型（CAPM）遵循有效市场假说，无法考虑投资行为的影响作用。实证研究则要求有可靠的现实数据，股价及宏观经济数据易于获取，但上述问题涉及投资者行为因素，通常很难对其进行衡量。通常的解决办法是寻找恰当的替代指标或使用模拟数据。本书从理论上，对传统定价模型的不合理假定进行改进，使其能够更好地解释我国股市的运行特征，并为实证分析提供理论依据；实证上，结合可获取的宏观数据及根据理论模型得到的模拟数据，选择先进且合适的计量方法，对上述问题做出解答。最后，关注股票市场的趋势与周期，除了要解决上述几个问题，还有极为重要的一点是能够对股票价格未来的趋势做出预测；这也是金融学研究领域中具有重要实际价值但又极具挑战性的一项工作。本书首先对股票价格序列进行趋势与周期分解，然后利用先进的小波分析工具从周期成分中提取有用的转折点识别信号，并提出两个可行的转折点识别指标，以实现对关键转折点的识别，从而对股票价格未来的趋势做出判断。这不仅有利于投资者做出正确的投资决策，而且为防范市场风险提供了重要的参考依据。

1.2 国内外相关研究综述

下面将详细回顾与本书相关的国内外研究成果及现状。首先是关于股票市场是否存在长记忆、均值回复现象及可预测性等特征的讨论，这是本书认为股票市场存在趋势与周期的重要前提。然后，详细回顾经济金融时间序列的趋势周期分解方法及其发展脉络与现状，这是本书针对股票市场提出新的趋势周期分解方法的重要基础。最后，分别从宏观经济基本面与投资者预期两个角度出发，回顾一些经典的关于股市运行特征及其影响因素的理论与实证研究成果。这是本书进一步考察股票市场长期趋势与周期波动的典型特征及其影响因素的重要依据。

1.2.1 股票市场的长记忆、均值回复与可预测性

20世纪，有效市场假说（Efficient Market Hypothesis，EMH）被视为金融经济学的核心命题，也是社会科学中研究最为充分的假说之一。EMH 由 Bachelier（1900）首次提出，他也是首位使用维纳过程模拟股票价格行为的学者。随后，包括 Fama（1965，1970）、Samuelson（1965）在内的许多研究人员在理论和实证方面对其进行了进一步发展和完善。其中，Fama（1970）改

进了 EMH，并根据可用信息的透明度定义了著名的"强、半强和弱"形式的 EMH。弱式 EMH 假定所有历史公开信息都已充分反映在价格中。半强式 EMH 在弱式 EMH 的基础上还假定价格会根据新的信息及时做出调整，并能够充分反映所有有关公司营运前景的公开信息。强式 EMH 认为所有已公开的或内部未公开的信息都反映在价格中。与 EMH 密切相关的另一种理论是随机游走假说（Random-Walk Hypothesis，RWH；Godfrey et al.，1964）；RWH 思想的基本逻辑是，如果信息流通畅通无阻，信息将立即反映在股价上，那么明天的价格变化只会反映明天的消息，与今天的价格变化无关。Malkiel（1973）出版的著作成功普及了 RWH 理论，时至今日仍被视为经典理论。早期的金融学界普遍认为，证券市场在反映个股和整个股市的信息方面极为有效；当信息出现时，消息就会迅速传播，并且会毫不拖延、毫无保留地被反映在证券价格中。因此，股票价格或收益是不可预测的，股价演变方式遵循随机游走或鞅过程（Granger et al.，1963；Fama，1965，1970；LeRoy，1982）。

与 EMH 和 RWH 相关的研究大致在20世纪70年代发展至鼎盛时期，随后，尤其是在21世纪初期，EMH 在金融学界的主导地位遭受了严重冲击。越来越多的统计证据表明了与 EMH 相矛盾的结论，例如股票收益的尖峰肥尾、负偏态分布（Badrinath et al.，1991；Aggarwal et al.，1993；Alles et al.，1994）；股价收益的自相关性及季节性效应等（Fama et al.，1988；Ariel，1987）。由此，包括 Lo 等（1999）在内的许多学者开始相信股票市场并非是完全有效的，并且股票价格在某种程度上是可预测的[1]。他们认为市场对新信息做出反应时，总是会存在一定的时滞性，而 EMH 提出的瞬时同化是不现实的。此外，与 EMH 的基本假设（即投资者理性）相对立，EMH 的批判性论点普遍指出市场中的投资者是非理性的，这也得到了行为金融学的支持。

目前，EMH 的批判者主要提出了两种被普遍接受的替代方案，分形市

---

① Lo 和 MacKinlay（1999）出版的经典书籍收集了许多统计证据，证明了由于市场效率低下，股票市场在某种程度上是可预测的。

场假说（Fractal Market Hypothesis，FMH；Peters，1994）和适应性市场假说（Adaptive Market Hypothesis，AMH；Lo，2004）。FMH 是基于混沌理论而提出的，该假说认为股价行为虽表现出随机特性，但其背后隐藏着一些确定性特征。混沌动力学的复杂特性为这种行为提供了较好的解释。将 FMH 实际应用于股票市场的一个重要突破是，Chen（1996）通过引入时频表示提出时间序列广义谱分析的非参数方法，并基于所谓的"混沌模型"证明了美国股市存在持续的混沌周期。继 Chen（1996）的突破性研究成果之后，许多分析混沌时间序列的方法被应用于股票市场，由此 FMH 得到了迅速发展。AMH 是基于进化论和有限理性而提出的新观点，它将股票市场的非理性解释为：投资者为适应不断变化的环境而做出的一种理性反应。同时，AMH 从生态学的视角看待整个金融系统，市场中存在竞争、变异、适应和自然选择等金融相互作用，投资策略可能在某些环境下表现良好而在其他环境下却表现不佳，由此将市场效率与行为金融协调起来。

随着 FMH 与 AMH 的迅速发展，股票市场的长记忆、均值回复与可预测性等逐渐成为相关研究中最为深入的主题。股票市场长记忆性通常指的是股价序列的自相关函数具有一定的持续性，它既不像平稳过程那样呈指数衰减，也不像单位根过程那样不衰减，而是呈双曲线式的缓慢衰减（Lo，1991）。当自相关函数值为正时，股价维持原来的运行趋势；当自相关函数值为负时，股价运行趋势发生逆转；此时，市场表现出均值回复现象。均值回复现象的实质是股价包含一个暂时性成分；股票的市场价值暂时偏离了其基本价值，但将以很大概率恢复至其均衡值（Fama et al.，1988；Poterba et al.，1988）。

关于股票价格或收益序列长记忆特性的已有研究主要包括两个方面，一方面是提出或改进长记忆参数的估计方法，另一方面是针对股价或收益序列进行长记忆或伪记忆检验。长记忆参数的估计方法可分为非参数、半参数和参数方法。非参数方法以经典的 Hurst 指数方法（Hurst，1951）为代表，Hurst 指数值减去0.5就是长记忆参数的估计值。目前，估计 Hurst 指数的两种最流行的技术是修正的 R/S 法（Lo，1991）和去趋势波动分析法（Peng et al.，1994）。半参数方法主要包括对数周期图法及其扩展方法（例如，Geweke et al.，1983），局部 Whittle 估计及其扩展方法（例如，Kunsch，1987；Robinson，1995；Abadir et al.，2007）。参数方法通常指代基于分数阶整合时间序列模型给出长记忆参数的极大似然估计量，例如 Granger et al.（1980）、Fox et al.（1986）、Sowell（1992）。根据上述方法估计出长记忆参数可以初步判断股票价格或收益率是否表现出长记忆特性，但这种长记忆可能是由于变量的运行趋势存在结构性变化所引起的。一旦排除序列中的结构性变化点，长记忆特征也就随之消失，这样便称之为伪记忆。已有大量文献从实证及计量方法上对引起伪记忆的各种情形进行了系统分析，并且构建了统计量以检验长记忆的真实性；具体可参考 Lobato 等（1998）、Ohanissian 等（2008）、Qu（2011）、Mayoral（2012）等。针对我国股票市场，王芳等（2012）的实证研究表明我国股市的收益率及波动率都存在显著的长记忆性。然而，李云红等（2015）以及田存志等（2016）利用不同的样本研究得出我国股市收益率的长记忆特征具有时变性。总的来说，已有充分证据表明我国股市存在一定的长记忆性。

股票价格均值回复的相关研究主要从 Fama 等（1988）的极具影响力的研究发现开始，其实证结果显示美国股票收益率表现出显著的负自相关性，即股票价格正在均值回复，同时也意味着股价中包含缓慢衰减的暂时性成分。特别值得注意的是，他们证明了从美国股市过去的收益中可以预测出3至5年内股票收益变化的25%至45%。同时，上述研究结论，即股票价格存在均值回复现象且股票收益序列中包含大量可预测的成分，也得到了许多其他相关研究的证实，包括 Lo 等（1988,1989）、Poterba 等（1988）、Cochrane（1994）、Lee（1995）等。目前已有许多理论可以解释股票的均值回复现象及其市场价值与基本面价值之间的偏差，包括噪声交易（De Long et al.,1990）、投机泡沫和套利限制（Shleifer et al.，1997）等。对于我国股市是否存在均值回复现象，不同学者得到的结论如出一辙。例如，宋玉臣等（2005）同时对沪深股市 A、B 股的月收益率进行实证检验，发现我国股市存在显著的均值回复现象。赵振全等（2005）发现，即使经过风险调整，我国股票收益率序列仍具有非对称均值回复特征，即从均值回复的速度和幅度来看，负收益率要明显大于正收益率；同时表明，投资者的非理性行为所导致的股票价格的系统性偏差是我国股票市场拒绝 EMH 的主要原因。王宇洋（2016）提出我国股市无论是处于正常状态下还是处于金融危机等特殊状态下均存在显著的均值回复特征，同时非对称均值回归在金融危机的形成机理中能起到非常重要的解释作用。

以上研究表明，由于市场效率低下而导致的长记忆性和均值回复现象在我国股票市场中也普遍存在。这同时说明了，我国股票价格中存在由经济增长、技术进步等基本面因素所决定的长期增长趋势，也存在受投资者预期、供求及信息等因素共同影响的暂时性周期波动（董直庆 等，2002）。至此，我们已有充分的理由相信 EMH 对于我国股市并不适用，相反，我国股市效率较低，并且在某种程度上是可预测的。目前已有许多实证研究给出了我国股市可预测性的直接证据，具体可参考姜富伟等（2011）、俞红海等（2018）、蒋志强等（2019）等。

对股票市场进行预测的相关实证研究，主要包括两大类：一类是基于时间序列模型或机器学习进行趋势预测，另一类是基于基本面分析或技术分析进行转折点预测。第一类文献不胜枚举，也不是本书关注的重点，因此本章不对其进行总结。与本书密切相关的是第二类文献，也就是市场转折点识别。所谓市场转折点，就是在一段时间内保持上涨态势的股价序列发生反转的时间点，或者说股价指数朝着某个方向的摆动结束而朝着另一个方向的摆动开始的时间点（Wecker，1979）。根据上述定义，一些技术分析指标和概率模型被广泛用于转折点识别。另外，非参数方法（Stock et al.，2014）也可用于转折点识别。具体而言，目前金融界广泛使用的技术分析指标主要包括移动平均趋势线或动量指标。Grech 等（2004）以及 Kristoufek（2010）表明时间相依性 Hurst 指数（Carbone et al.，2004）可用于识别特定条件下的潜在转折点。Koskinen

等（2004）使用具有两个状态的隐马尔科夫模型对样本外观测值自动分类，从而进行转折点识别。Zheng 等（2013）通过建立股票市场的自适应系统框架，将股价指数分为内部价格和内部残差，并使用快速傅里叶变换发现内部残差功率谱的变化对股市的重大转折能起到一定的提示作用。Bai 等（2015）同样基于 Zheng 等（2013）的自适应系统框架，将离散小波变换（DWT）应用于内部残差以检索中频信号，发现其斜率包含了有关市场转折点的预测信息。Tang 等（2015）用生灭过程描述了市场的不稳定性，并将转换概率用于判断市场的趋势变化。

1.2.2　趋势与周期分解方法

股票市场趋势与周期的分解方法主要从借鉴经济时间序列的趋势周期分解开始。起初，学者们通过观察各国宏观经济数据发现，各序列中普遍存在一种持续上升的趋势。于是，他们试图剔除这种持续上升的趋势，重点关注剩余的存在明显周期性波动的那一部分，并将其定义为经济周期。基于这种思想便产生了趋势与周期分解方法。早期研究中，通常的做法是将趋势成分建模为跨越各周期的移动平均值，或者用一些简单的关于时间的确定性函数来拟合趋势。其中主要包括 Kitchin（1923）分析了19世纪美国和英国经济数据的周期性和趋势性变化，发现其经济周期平均长度为40个月；Frickey（1934）对长期趋势进行了研究，并尝试了当时可用于拟合趋势的各种方法。上述这些方法几乎都是不加考虑地用简单的线性函数来消除趋势，从而将注意力集中在剩下的周期性波动方面。但是，这只有当一个经济时间序列的趋势增长非常稳定并且与短期波动之间几乎独立的情况下，才是合理的。这样的序列也就是后来所说的趋势平稳序列。然而，现实中大多数情况并非如此，线性趋势的假设常常会引入虚假的周期（Nelson et al.，1981），这便使得趋势与周期的分离进一步复杂化。

自1980年以来，趋势的独立性与多样性成了趋势周期分解中重点讨论的问题。这些问题的讨论主要由 Beveridge 等（1981）、Nelson 等（1982）学者发起。前者重点讨论当某个序列中的趋势成分并非确定性的线性趋势，而是带有漂移或者某种随机特性时，如何进行趋势周期分离。后者主要利用 Dickey 等（1979）提出的方法来检验美国的宏观经济时间序列是否是趋势平稳序列，结果发现大量证据支持其为1阶差分平稳序列，也称之为 $I(1)$ 过程。对于此类序列，包括 Beveridge 等（1981）在内的大量研究表明，它们的趋势成分可以进一步分解为确定性趋势和随机趋势。确定性趋势通常是关于时间的线性函数，而随机趋势则是由随机扰动项累积而成的。现有的针对过程的趋势周期分解方法有很多，下面将从两方面进行总结：一方面是单变量情形；另一方面是多变量情形。

单变量情形下，从方法论的角度又可以分为基于时间序列模型的时域分解方法和基于滤波的频域分解方法。时域方法主要包括 Beveridge 等（1981）基于自回归整合移动平均（ARIMA）模型提出的分解方法，简称为 BN 分解。他们通过在某一时刻对序列无穷远处的值进行预测，所得的预测结果渐近趋向于关于预测步长的线性函数，该函数的漂移项被定义为随机趋势。这一分解过程中涉及无穷多项相加，Beveridge 和 Nelson 建议在计算过程中取足够多项相加作为近似。当然也有其他学者提出了一些更好的实现算法，其中最常用的是 Newbold（1990）提出的精确算法和 Morley（2002）提出的基于状态空间模型的算法。不同于 BN 分解，Harvey 等（1983，1985）通过在一个模型中直接指定趋势与周期的结构，然后估计模型中的参数使其能够最好地拟合数据，从而得到趋势与周期成分的估计值。这样的模型被称为不可观测成分（Unobservable Component，UC）模型。BN 分解和 UC 模型分解虽然都是针对 $I(1)$ 过程的趋势周期分解方法，但它们的分解结果有着很大差距。Perron 等（2009）在研究美国实际 GDP 的趋势与周期时指出，导致上述两种方法的分解结果出现差异的主要原因是忽略了序列中潜在的结构性变化。因此，考虑了一种存在结构性变化的时间序列模型，并提供了一种能自动识别结构性突变点的 UC 模型分解方法，称之为 PW 分解。Moës（2012）提出了双重周期模型，即在 UC 模型中进一步考虑趋势中也存在周期性特征。并且，将传统的周期成分称为偏差周期，将趋势成分中的周期性称为增长率周期，这两种周期之间密切相关。

下面介绍常见的频域分解方法。Hodrick 等（1997）提出了一种渐进高通滤波方法，也就是著名的 HP 滤波法。该方法通过最小化特定的损失函数，从原始序列中提取一条平滑曲线作为趋势成分。Baxter 等（1999）提出了一种带通滤波方法，称之为 BK 滤波法，该方法的应用也较为广泛。所谓带通滤波，就是保留特定频率范围内的波动，剔除其他频率范围内的波动，从而得到周期性分量。该方法的缺点是，得到的周期成分无法保留尾部数据，及时性较差。针对这一局限性，Christiano 等（2003）提出了一种改进的滤波方法，称之为 CF 滤波法。该方法通过假设原序列遵循随机游走过程，从而给出了近似最优的结果。随着趋势周期分解方法的不断发展，上述两类时域的和频域的方法也出现了交叉。Harvey 等（1993）从频域分析角度发现了 HP 滤波与 UC 模型之间的一种等价关系。除了上述时域或频域的分解方法以外，还有一些较为常见的方法，它们一般是从研究者的经验总结出发被应用到实证研究中。例如，Huang 等（1998）提出的经验模态分解（Empirical Mode Decomposition，EMD），Wu 等（2009）提出的集成经验模态分解（EEMD），以及移动平均方法等。

与单变量情形不同，多变量情形下，需要考虑变量之间的相互作用。如果其中一个变量受到某种冲击，那么这个效应就会在其他变量之间传播，这就可能导致其他变量也会偏离其原来的趋势，从而导致变量之间出现共同趋势和共同周期。在这种冲击传导机制下，趋势和周期的波动都是来源于随机冲击，因此，多变量趋势周期分解的关键问题便是如何将这两种随机冲击分离开来。早在20世纪60年代，Klein 等（1961）就提出了一种全新的尝试，他们不仅拟合了单个序列的趋势，而且拟合了它们的某些比率的趋势。这几乎是多变量情形下协整理论、共同趋势概念的先驱。早期用到的多变量模型通常是联立方程组模型，随着经济理论的发展，后来由 Sims（1980）提出的向量自回归（VAR）

模型继承并替代了联立方程组模型，该模型的主要改进在于从静态分析转化为动态分析，并将所有的变量都视为内生变量。VAR 模型中的系数并没有特定的经济含义；但在研究一个经济问题时，需要将特定的经济含义作为约束添加到模型中去，由此便有了结构向量自回归（SVAR）模型。Blanchard 等（1989）提出了基于 SVAR 模型的长期趋势分解方法。国内也有部分学者在此基础上加入长期约束条件对我国宏观经济变量进行趋势周期分解，如林建浩等（2016）、欧阳志刚等（2010）、王少平等（2017）。虽然基于 VAR 模型通过持久性分析可以分离变量的趋势与周期，但针对 $I(1)$ 过程的1阶差分建立 VAR 模型，这样做只刻画了变量之间的短期相互影响。为了从长期与短期分别考虑冲击在各趋势成分、各周期成分之间的相互传导机制，Granger（1981）针对多变量情形提出了协整理论。同时，这一开创性理论的提出也彻底解决了非平稳序列之间的"伪回归"问题。Engle 等（1987）给出了检验和估计变量间长期协整关系的最小二乘方法，并提出了基于协整理论的向量误差修正模型（VECM）。Johansen（1988）提出的检验多变量协整关系的方法——迹检验和最大值检验，是目前较为流行的方法。基于协整理论与 VECM，对多变量协整系统进行趋势周期分解的常用方法主要有两种：一种是 Stock 等（1988）、King 等（1991）基于 BN 分解思想提出的方法，简称为 KPSW 分解，它可以看作是 BN 分解从单变量情形到具有协整约束的多变量情形的扩展；另一种是 Gonzalo 等（1995）、Gonzalo 等（2001）基于 VECM 提出的分离持续性与暂时性成分的方法，简称为 GG 分解。Hecq 等（2000）基于 VAR 模型和状态空间模型给出了分离共同趋势与共同周期的一种简单算法。另外，单变量情形中提到的 UC 模型分解法和滤波法同样可被推广到多变量情形。

由以上可知，针对经济时间序列的建模和趋势周期分解方法犹如汗牛充栋，但它们仍局限于过程。然而，现实生活中大量的非平稳时间序列并不是严格的过程，比如房价、股价等具有长记忆特征的资产价格序列（Lo，1991；Ding et al.，1993）。并且，已有研究表明，以资产价格为代表的金融时间序列也存在显著的周期性波动，也就是所谓的金融周期（Wheaton，1987；Borio，2014）。在上述背景下，Granger 等（1980）提出的自回归分数阶整合移动平均（ARFIMA）模型受到了越来越多的关注，因为它不仅能够灵活地刻画具有单位根或长记忆特征的分数阶差分平稳过程（记为过程，为分数），而且涵盖了 ARMA（$d=0$）和 ARIMA（$d=1$）两种特殊情况。Johansen（2008）将这一模型推广到多变量情形并同时考虑协整关系的存在，从而提出了分数阶协整向量自回归（FCVAR）模型。针对 $I(d)$ 过程的趋势周期分解方法，目前仍屈指可数。其中主要包括，Ariño 等（2004）借鉴 BN 分解的想法针对单变量的 $I(d)$（$d>0.5$）过程提出了一种永久性成分与暂时性成分的分解方法并将它应用于德国失业率序列。对于多变量协整系统，Morana（2004）利用傅里叶变换和频域主成分分析方法，提出了一种分解长记忆过程中长期成分与短期成分的方法。Hartl 等（2018）建立了一种新的分数阶多变量 UC 模型，该模型能够将变量分解为长记忆和短记忆两部分，而且各变量的长记忆强度可以不同。总的来说，如何对 $I(d)$ 过程的趋势周期进行准确分解还值得进一步研究。在此基础之上，应用有效的、准确的趋势周期分解方法分析股价指数的长期与短期动态，这具有一定的创新意义。

在国内，目前已有的关于趋势与周期的研究大多也都是针对我国宏观经济时间序列，例如，陈昆亭等（2004）、杜婷（2007）应用滤波方法得到了我国宏观经济变量的周期成分。王少平等（2009）运用 BN 分解方法分解了我国 GDP 的确定性趋势、随机趋势以及周期成分，并利用方差比度量了随机冲击对经济波动产生的持久性效应。刘金全等（2004）、郑挺国等（2010）应用多种方法对我国 GDP 数据进行趋势周期分解，并比较了不同方法之间的优缺点及可靠性。孙晓涛（2013）对 BN 分解中周期成分的"反号"问题进行了研究，并从应用的角度对各种分解方法进行了评价。欧阳志刚（2013）基于协整理论与共同趋势、共同周期分解方法研究了我国经济增长的国际协同性。王少平等（2017）基于结构 VECM 模型识别长期与短期冲击，并分解长期趋势和短期周期，进而考察了经济"新常态"下我国 GDP 的数量特征。欧阳志刚等（2018）在供给侧和需求侧的双轮驱动下分析了我国经济增长的共同趋势和相依周期。据作者所知，目前仅有为数不多的几篇文献对我国的资产价格进行了趋势与周期分离并总结了它们的典型特征，其中包括秦宇（2008）对上海股票市场价格日序列进行了趋势分解和周期性的波动分析，并对比了 HP 滤波法和 EMD 方法的分解性能。阮连法等（2012）、李仲飞等（2014）结合 EEMD 方法识别了我国房地产价格波动的内在周期成分。针对我国股市运行状态的独特性，如何准确分离其长期趋势与周期波动，值得进一步深入研究。

值得注意的是，上面提到的大多数方法都是基于一个比较完美的假设，变量的1阶差分或分数阶差分遵循线性平稳过程，即变量的最优预测是其滞后项的线性函数，但现实中的许多经济或金融变量并非如此，它们的运行趋势常常会因为某种重大冲击而发生结构性变化。自从 Perron（1989）首次提出确定性趋势可能存在结构性变化以来，该问题逐渐引起了众多学者的关注。Johansen 等（2000）通过在 VECM 中引入虚拟变量，拓展性地提出了确定性趋势存在结构变化时的协整检验。Perron 等（2009）基于单变量 UC 模型假设周期成分与趋势项的斜率都服从混合高斯分布，并提供了一种能自动识别结构性突变点的分解方法。Astill 等（2015）、Enders 等（2015）运用一种灵活的傅里叶函数形式来刻画趋势函数，从傅里叶近似中利用少量低频分量可以捕捉到多个结构突变点。Hamilton（1989）认为经济变量在快速增长与缓慢增长之间的状态转换可以用离散的马氏过程来刻画，从而提出了马氏机制转换自回归（MS-AR）模型。Sims 等（2008）将 Hamilton（1989）的单变量 MS-AR 模型向多变量扩展，提出了马尔科夫机制转换向量自回归（MS-VAR）模型及其估计方法。Sims 等（2008）重在刻画 VAR 模型中系数的状态转换，并假设变量的确定性趋势成分的斜率为常数。但 Chang 等（2016）在研究我国经济周期时发现了一个显著特征：周期性变化与趋势漂移并存。由此，他们在 Sims 等（2008）的模型中用时变截距项来刻画变量中的趋势漂移，同时考虑了变量间的协整关系。由前文综述可知，目前针对股票市场中的分数阶差分平稳序列或长记忆过程进行趋势周期分解的方法屈指可数，然而既考虑长记忆性又考虑结构性变化的趋势周期分解方法更是罕见，本书将试图填补这一空白。

1.2.3　股票市场与宏观经济基本面

股票市场的运行与宏观经济之间的关联性一直以来是国内外学者关注的焦点，与之相关的研究成果不计其数。下面主要回顾一些与本书研究内容密切相关的经典文献。从理论层面来看，传统的 CAPM 认为，由宏观经济波动引起的系统性风险和公司层面的特质性风险是影响股票价格及收益率的基本面因素。然而，CAPM 是建立在一系列过于严苛且脱离实际的假设之上，例如投资者完全理性，投资行为也不存在异质性；资产价格是外生的，与宏观经济基本面之间没有内生关系。这使得 CAPM 在实证分析中遇到了诸多问题，对于市场中存在的一些异象（规模效应、价值效应、动量效应、反转效应等）几乎没有解释力。为此，Merton（1973）、Lucas（1978）等提出了基于消费的资本资产定价模型（CCAPM），该模型不仅引入了效用函数和相对风险规避系数来刻画投资者行为，而且考虑了消费和投资决策，把产品市场和金融市场中的各种变量纳入同一框架，形成了资产组合决策的一般均衡模型；理论上直接将资本市场与宏观经济联系起来，从宏观经济基本面的角度拓展了 CAPM，是现代资产定价理论的新基石。

然而，CCAPM 在解释资产价格的实证研究中仍面临着一些挑战。例如它无法解释股权溢价之谜（Mehra et al.，1985）和无风险利率之谜（Weil，1989）等异象。为了进一步提高模型的解释力，学者们对此展开了广泛讨论，并针对 CCAPM 提出了各种改进。对于股权溢价之谜，部分学者认为其主要原因是 CCAPM 只考虑了消费，没有涉及生产。因为企业的生产对消费、储蓄和投资都会产生直接影响，最终会影响资产定价。为此，Cochrane（1991）首次提出基于生产的资本资产定价模型（PCAPM）。受类似想法的启发，Rangvid

（2006）、Liu 等（2009）、Croce（2014）先后提出了基于产出、投资和生产率的资产定价模型。在关于消费、生产或生产率定价模型的争论中，张红伟等（2017）认为，与美国相比，中国居民受到的消费信贷约束较大，难以平滑终生消费和实现最优效用水平，呈现消费不振和储蓄率过高特点，CCAPM 不一定适用于中国股票资产定价；朱小能等（2017）也持类似观点。对于无风险利率之谜，学者们认为其原因在于 CCAPM 只考虑了资产市场的供应方，没有考虑需求因素，比如投资者预期、偏好和情绪等。针对该问题的改进，或者说从投资者情绪与行为方面对 CCAPM 和 PCAPM 进行拓展，主要包括两个代表性角度。一是在刻画偏好的效用函数中，引入时间偏好、习惯形成、情绪波动等需求因素。Campbell（1986）等较早强调了时间偏好对资产定价的影响；Abel（1990）、Campbell 等（1999）则进一步将习惯形成引入效用函数中。Mehra 等（2002）首次将情绪波动定义为主观贴现因子、风险规避系数等偏好参数的变动，并指出投资者的情绪波动对股价波动有着非常重要的解释作用。陈彦斌（2005）在此基础之上，使用风险规避系数、跨期替代弹性和主观贴现因子三个偏好参数的波动来描述投资者情绪波动，并模拟分析了情绪波动对资产价格波动的影响。二是考虑投资者对股票价格、收益率以及对基本面因素如红利、生产率的理性或非理性预期。Bansal 等（2004）在理性预期下，进一步提出消费和分红的长期风险模型；陈国进等（2014）应用该模型解释中国股票市场的股权溢价之谜和无风险利率之谜；崔丽媛等（2017）在消费定价模型中考虑投资者认知的非理性偏差。其他有关投资者预期在资产定价中的重要作用及其相关研究成果，本书将在下一小节中进行详细总结。

在较近期的股票市场相关定价理论研究中，İmrohoroğlu 等（2014）认为，生产率冲击是影响股票回报的系统性风险因素；20世纪90年代生产率的提高增加了企业当前的和预期的现金流和企业价值，是美国股价上涨的主要推动力（Jovanovic et al., 2003；Laitner et al., 2003）。但 Madsen 等（2006）则认为，生产率的提高只对股票价格产生暂时影响，在收益递减的情况下，资本存量的增加会使生产率恢复到均衡水平，创新导致的股价上涨最终会慢慢回落。Chun 等（2016）认为创新企业的股价会随着 TFP 的提高而上升，但其他企业股价会随之下降、存在负溢出效应。其原因是，少数技术赢家的股票随着生产率的提高而上涨，而多数的技术输家的股票随着生产率的提高而下跌，多数企业的股票收益与总生产率增长呈负相关。Iraola 等（2017）还认为生产率影响股票市场需要一定条件：全要素生产率冲击只有在实体经济出现难以置信的大幅波动的情况下才会对股市波动产生显著影响。Campbell 等（1988）利用价格分红比来考察股价相对于其内在价值的偏离，并把偏离分解为由预期分红和折现率的变化引起的两个部分；Cochrane（2011）进一步发现，股利的变化只能解释少部分价格分红比的波动，而投资者预期、时间偏好和折现率贡献了绝大部分的股票波动。但 Claessens 等（2009）认为宏观经济基本面是影响股票市场的主要因素；消费下滑引起的宏观经济波动是导致风险溢价和股票市场波动的根本原因（Bansal et al., 2014；Engle et al., 2013）。陈国进等（2014）发现，消费长期风险模型能解释中国股票市场的股权溢价之谜和无风险利率之谜，但不能解释暴涨暴跌。张红伟等（2017）发现，企业生产是影响股价和风险的基础因素。Chen（2017）认为投资者会根据当前经济运行状况调整自身的储蓄意愿以及风险偏好，并且在经济下行时期更为敏感，从而放大股价波动。

从实证研究角度来看，在较早期的研究中，Officer（1973）、Fama（1990）、Schwert（1990）、Hamilton 等（1996）一致发现，股市受宏观经济影响并且股价变化领先于宏观经济指标的变化，具有经济"晴雨表"的作用；股市的周期波动与经济周期有着紧密的联系，尤其是在经济萧条时期，股价波动会明显增大。Atje 等（1993）、Levine 等（1996）通过实证研究进一步论证，无论是发达国家还是发展中国家，宏观经济状况与股价波动都存在密切的关联。Harris（1997）则认为股票市场波动和经济增长之间的关系较弱，尤其是在发展中国家，这种关系在统计上并不显著。

我国作为最大的发展中国家，拥有全球最大的新兴股票市场，学者们对于我国股市与宏观经济之间的关联性有着不同的观点。叶青等（1999）从早期的数据中发现，1994年以前股价波动与经济周期之间没有长期均衡关系，但是1995年以后，它们之间存在着明显的长期均衡关系。顾岚等（2001）考察了十项宏观经济景气指标与沪、深股市指数及其各板块分类指数的关系，发现我国经济景气指标与股市指数之间没有显著的相关关系，但其增量之间的长期均衡关系是显著的。孙开连等（2002）利用1994年至2001年的宏观经济数据和股价指数进行了实证检验，发现我国股价指数具备一定的经济"晴雨表"功能。朱东辰等（2003）的实证研究表明，我国股价指数和工业生产指数在长期内不存在均衡关系，但在1997年6月至2002年6月期间已经可以较显著地预先反映经济增长。赵振全等（2003）认为股票市场波动和宏观经济增长之间存在着一定的关系，但是这种关系非常微弱。梁琪等（2005）表明股市发展程度与经济增长之间没有任何因果关系，但股市波动与经济增长之间有着显著的双向因果关系，而且相关关系为负。刘少波等（2005）认为在1997年之前我国股市与宏观经济之间没有相关性，1997年之后两者呈弱正相关。马昕田（2012）发现股票价格指数的波动幅度及持续时间在不同的阶段对经济增长有着不同的影响作用，并论证了经济波动与股票收益率的波动之间的关联性。郑挺国等（2014）发现宏观经济波动从生产层面对股市波动产生了正向影响。宋玉臣等（2014）认为在短期内股价波动与经济增长出现背离是一种常态，但在足够长的时间内，二者间一定是相互匹配的。而我国股市与经济增长之间表现出长时期的背离，只是由于我国股市失灵严重，与经济增长的匹配周期过长，在样本期间无法测算到。孟庆斌等（2020）运用马氏域变 VAR 模型进行研究发现，我国股市收益率与宏观经济变量具有明显的非线性关系，并且在大多数时候实体经济变动和股市波动保持了较好的协同性，股市周期略领先于经济周期。以上研究大多数都表明了股市波动与宏观经济波动之间存在着一定的关联性，但并未从根本上解释"过去30多年，我国经济欣欣向荣，股市却跌宕起伏；股市运行似乎与宏观经济增长有所背离"这一直观异象背后的原因。

已有相关研究中，虽然也有部分学者探讨了影响股价波动的因素，但大多都是只关注某个单一方面。例如，吕江林等（2007）认为人民币升值对我国股市收益率以及波动率有短期影响，并且对不同种类股票的影响程度不同。张家林（2010）认为我国新股发行上市制度的种种缺陷是造成股市过度涨跌的重要制度原因。余秋玲等（2014）首次从行业层面探讨宏观经济对股市波动的影响，他们发现宏观经济对不同行业股价波动的影响程度有显著差异，并且宏观经济对同一行业股价波动的影响程度在不同的市场环境下也存在差异。田利辉等（2014）提出包含反转效应的四因素模型证明了我国股票价格对好消息和坏消息的反应存在不对称性，并将其归因于我国股市独特的微观结构：中小投资者（散户）是市场的参与主体、公募基金"同质化"现象严重。韩豫峰等（2014）利用技术分析工具证明了中国股市确实与世界上其他股票市场一样存在着趋势，并且发现不对称信息下的行为金融和投资理论能够对我国股市的趋势进行解释。温兴春（2017）通过在动态随机一般均衡模型中加入投资者的异质性预期，发现货币政策冲击能够改变投资者情绪，进而影响股价变动。张红伟等（2017）提出用生产资产比来考察经济周期和企业生产对股价波动的影响，并发现企业生产是影响股价波动的基础因素，通过企业生产可以内生出股票收益率的周期性波动，为股票收益率受宏观经济波动影响提供了一个微观解释。股票市场作为一个复杂的系统，现有研究只是从单一层面进行探讨，往往会忽略其他关键因素的影响及其相互作用，很难准确把握其内在运行规律。总之，目前鲜有文献关注中国股市长期趋势和周期波动的基本事实，对于能够解释这些事实的系统分析框架更是严重缺乏。

1.2.4　股票市场与投资者预期

投资者对未来宏观经济以及企业发展状况的预期是影响其决策的关键因素，从而也是描述、解释和预测金融市场资产价值变化、股票价格变化的关键因素。预期理论的起源大致可以追溯到20世纪初期 I. Fisher 的研究工作，他首次揭示了通货膨胀预期与利率之间的关系，并将通货膨胀描述为名义利率和实际利率之间的差异。尔后，预期问题在20世纪70年代至80年代引起了人们的极大兴趣。近年来，金融市场的预期理论仍是相关研究中最具活力的领域之一，其研究方向主要集中在资本市场的理性预期假说（Muth，1961）以及对它的批判上。理性预期假说下，代理人完全了解市场的运作方式，他们清楚地知道未来任何意外事件所对应的市场结果。这似乎不切实际，因为可以为代理人提供如此详细信息的市场往往不存在。经典的资本市场定价模型及理论，包括夏普单一指数模型、CAPM、套利定价理论、投资组合理论等，大多以理性预期假说为基础。然而，这些经典模型无法解释股票市场中存在的许多谜团，例如股权溢价之谜（Mehra et al.，1985）、异常波动之谜（Shiller，1981）、均值回复与可预测性（Fama et al.，1988）等。于是，许多研究者试图在理性预期模型中考虑投资者的各种行为因素，包括财富偏好（Kurz，1968；Bakshi et al.，1996）、损失厌恶（Tversky et al.，1992）、习惯形成和追赶时髦（Sundaresan，1989；Abel，1990；Campbell et al.，1999）等，以此来解释上述定价难题。

另一种解释角度是，理性预期假说的批判者试图将投资者的非理性预期纳入资本市场定价模型。正如大量实证研究表明，投资者对未来股票市场收益的平均主观预期与近期的股票收益呈正相关（Andreassen et al.，1990；Vissing-Jørgensen，2002；Dominitz et al.，2011），或者根据投资者对市场的乐观程度可以反向地预测未来的股票收益（Greenwood et al.，2014；Adam et al.，2017）。Bacchetta 等（2009）通过调查研究也发现，投资者在股价股息率较低时会表现得过于悲观，而在价格股息率较高时会过于乐观。这些证据都支持投资者对股票价格持有非理性的主观预期。通常，他们形成价格预期是基于一些启发式原则（Tversky et al.，1974），即用个人的主观概率代替分布复杂的客观概率，因此在预测未来价格时会带来系统性误差或判断偏差。基于启发式原则形成主观预期通常包括以下5种非理性模式：

一是代表性启发式。代理人根据某些已知事件对未知事件形成一种短视观点，例如投资者认为目前收益高、风险低的股票未来会有较好的发展前景；Shefrin（2001）用代表性启发式预期解释收益与风险之间呈负相关的异象。二是过度乐观或过度自信。投资者在市场中交易，通常对股票市场、未来前景以及他们自身把握时机、应对市场不确定性的能力有着不切实际的乐观看法（Weinstein，1980）。过度自信会导致投资者之间产生异质信念，因此会在股票的均衡定价中产生噪声。Barberis 等（2005）认为过度自信可能源于"自我归因"和"事后偏见"。Daniel 等（1998）试图利用"过度自信"和"自我归因"两种投资者预期偏差模式来解释市场的反应不足或反应过度。根据 Daniel 等（1998）的说法，投资者的过度乐观会导致市场的过度反应，而"自我归因"会使得这种"过度自信"继续保持，从而使得股票价格继续上涨，并产生动量效应。三是羊群效应。投资者认为自己获取的信息质量较低，而市场上其他有经验的投资者所获得的信息质量较高，因此他们会效仿其他投资者的行为。这种羊群行为会带来严重的噪声，导致资产价格效率低下，从而导致非理性的短期价格变动（Avery et al.，1998；杨胜刚，2002）。四是保守主义。代理人非常重视他们的先验信念，他们不愿接受与其先验信念相矛盾的新信息（Lord et al.，1979）。五是锚定效应。交易之前卖家在不同的商业媒体上设定的要约价格通常被作为潜在买家形成资产价格预期的锚点（Bokhari et al.，2011）。Black 等（1996）通过实验发现操纵要约价格会影响买家的开盘价以及最终成交价；盈利预测也会歪曲股票的真实价格。

早期考虑投资者非理性预期的定价模型主要以 De Long 等（1990）提出的世代交叠模型为代表，他们指出具有非理性预期的噪声交易者既影响股票价格又能够获得比理性预期更高的平均收益。由于噪声交易者的随机信念给资产价格带来了更高的风险，因此，即使在没有基本面风险的情况下，价格也可能显著偏离其基本面价值。该模型为解释前文提到的资本市场定价谜题提供了重要的理论依据。基于 Greenwood 等（2014）的重要调查结论——投资者对股票价格的形成机制存在着主观认知偏差，Barberis 等（2015）在两个代表性投资者模型中引入了投资者对股票价格的外推认知偏差，即历史股票价格将影响投资者对未来股票价格的预期。Barberis 等（2015）模拟了两个分别持有完全理性思维和价格外推偏差的投资者的交易行为，成功地模拟出美国标准普尔500和6个月商业无风险债券的溢价均值和方差。这带动了国内外学者对投资者外推偏差在综合股市和宏观经济结构中所扮演角色的深刻思考。Adam 等（2011）在市场不完备和预期异质性的假设下分析了投资者的内部理性预期。所谓"内部理性"指的是，对于超出代理人控制范围的与收益相关的变量（包括股票价格）[①]，若明确给定其主观概率信念，则代理人将做出最优的决策。同时，他们将标准理性预期模型中的"理性"区分为"外部理性"，即假设代理人的主观概率信念等于外部变量处于均衡状态时的客观概率分布。Adam 等（2015）进一步在具有时间可分偏好的 CCAPM 中结合投资者内部理性预期，该模型定量地解释了收益的波动性、价格股息率的波动性和持续性，以及长期收益的可预测性。Adam 等（2017）在内部理性预期框架下考虑投资者具有自适应预期、外推预期等主观价格预期，该模型成功地复制了许多资产定价矩；特别地，它能够匹配观察到的价格股息率与调查者收益预期之间的强正相关性，这是理性预期模型无法做到的。同时，该研究表明投资者主观预期是解释股价波动的关键因素。此外，还有一些学者将股价外推预期引入经典的定价模型中，并分析了投资者外推预期对股票市场的影响，以及证实了股价外推预期模型比理性预期模型具有显著的定价优势；具体可参考 Cecchetti 等（2000）、Lansing（2006）、Barberis 等（2015）、Cassella 等（2018）。

针对中国股票市场，崔丽媛等（2017）通过放松 Lucas（1978）资本资产定价模型的完全理性假设，构建了投资者的经济基本面认知偏差对证券价格影响的计量模型。他们认为，当投资者主观认知和市场实际运行机制存在偏差时，该模型能较好地解释诸如消费增长率同股权溢价的相关性、累积超额收益等传

---

① 也称之为外部变量。

统资产定价模型无法量化的诸多中国股市难题；并指出中美投资者的主观预期形式并不完全相同，美国投资者对经济基本面信息均值的变化反应较敏感，而中国投资者却对经济基本面波动的变化反应较敏感。此外，国内大量学者聚焦于对我国股市理性预期假设的检验，以及投资者的异质性预期对股票市场的影响。例如，一方面，高峰等（2003）利用我国股市的调查数据对机构投资者的短期预期行为进行了检验，然而并没有发现支持理性预期假说的证据。陈淼等（2012）基于现值模型对我国股市预期行为进行了检验，并发现我国股市投资者具有较强的适应性预期特征。另一方面，李宏（2001）详细分析了在市场风险效应的抵消和补偿作用下投资者预期对股票均衡价格的影响。包锋等（2015）研究了投资者异质信念的变动与股票收益之间的关系，从理论上及实证上同时验证了异质信念的变动与股票的超额收益之间呈显著正相关关系。朱宏泉等（2016）将投资者异质信念引入 CAPM 和 Fama-French 三因子模型，并发现异质信念对股票当期收益有显著的正向影响、对未来一期收益有显著的负向影响。尹海员等（2019）利用马尔科夫决策过程模拟投资者的预期演化，研究了投资者异质预期与股市流动性的内在关系，并发现投资者异质预期的波动程度与市场流动性呈现负相关关系。

1.3　主要研究内容与创新之处

1.3.1　主要内容及结构安排

本书的第1章是绪论。

第2章根据我国股票市场和宏观经济增长的历史数据，从三个方面探究我国股市的基本运行特征。其一，通过细致划分我国股市的各个"牛熊"阶段，并结合五个度量指标从不同角度分析各个"牛熊"周期的特征，再对比以美国股市为代表的成熟市场的"牛熊"周期特征，由此总结出我国股市的典型特征。其二，通过历史数据的对比及相关性检验，对我国股价指数与宏观经济变量间在各阶段的关联性进行分析，从而判断我国股价指数在各阶段是否发挥了"经济晴雨表"的作用、是否严重偏离了宏观经济基本面。其三，检验我国股市是否存在均值回复现象、长记忆性及可预测性，从而进一步判断我国股市是否存在趋势成分和周期成分。这也是进一步研究我国股市的长期趋势与周期波动的重要前提和依据。

第3章是本书在计量方法上的重要研究内容，也就是在回顾现有的时间序列趋势与周期分解方法的基础之上，针对股票市场独特的波动特征提出新的趋势周期分解方法。首先，详细介绍了目前针对经济时间序列（通常为1阶差分平稳过程）的经典趋势与周期分解方法。其中，单变量方法包括 BN 分解、UC 模型分解、PW 分解，多变量方法包括 KPSW 分解、GG 分解。同时还详细阐述了这些方法之间的区别与联系，以及它们各自的优势与局限性。然后，基于经典方法进行拓展，提出适用于 $I(d)$ 过程的单变量和多变量趋势周期分解方法。单变量方法包括两种，一种是基于 ARFIMA 模型的趋势周期分解，该方法的分解思路主要借鉴了 Newbold（1990）针对 BN 方法提出的精确算法。另一种是考虑了随机冲击持久效应的趋势周期分解，这种持久效应通常可用 GARCH 模型进行刻画。但考虑到我国股市作为一个典型的新兴市场，在过去30多年里曾经历了数次重大制度改革，这种背景下的股市更容易发生结构性变化。因此，在常用的 GARCH 模型中进一步考虑结构性变化的存在，从而提出存在对称阈值的 ARFIMA-STGARCH 模型及其趋势与周期分解。多变量方法也包括两种，一种是基于 FCVAR 模型的趋势与周期分解方法，该方法可以看作是 KPSW 方法从 $I(1)$ 向 $I(d)$ 过程的推广。另一种方法是在多变量情形下考虑了各变量及其协整关系的结构性变化。刻画结构性变化的方式有很多，本书选择在 FCVAR 模型中引入马尔科夫机制转换结构，从而提出了 MS-FCVAR 模型，并介绍了该模型的估计方法及变量的趋势与周期分解。

第4章和第5章旨在运用第3章提出的趋势与周期分解方法，从长期与短期（或者说趋势与周期）、理论与实证分析角度建立系统研究框架，深入探究我国股市在经济高速发展的背景下却频繁出现异常波动的内在原因及关键影响因素。其中，第4章主要从长期角度关注我国股市的趋势成分及其宏观经济基本面影响因素。一方面，从理论层面，在一个单部门生产经济中考虑代表性家庭的效用最大化问题，并建立一个能够体现股价与宏观经济基本面之间关系的简单定价模型，进而判断哪些宏观经济因素是影响我国股价运行趋势的主要因素。另一方面，从实证层面，结合现有文献的实证结论、本章理论模型的分析结果以及变量间的协整检验，建立一个包括股价指数与宏观经济变量的多变量协整系统。由此，探寻股价与经济基本面因素之间的长期关系及其结构性变化；并进一步在考虑了结构性变化的多变量协整系统中分离出股价及经济变量之间的共同长期趋势，从而从长期意义上判断股价与各经济变量之间的关联程度，并分析我国股市长期趋势的基本特征及其关键影响因素。第5章主要从短期角度关注我国股价指数的周期成分及其影响因素。根据行为金融学的普遍观点，短期内股价的变化主要受投资者预期等行为因素影响。因此，理论模型上，在第4章的简单定价模型中进一步考虑投资者的非理性外推预期，并同时引入生产率的长期增长风险，从而改进模型的定价能力，以匹配并解释我国股价的风险溢价及大幅波动特征。实证上，利用理论模型模拟过程中得到的投资者外推预期数据，同时选取 PPI、投资、固定资本形成额3个具有关联性的指标作为参照变量，与股价周期成分建立五变量的 SVAR 模型，以分析它们对股价周期成分的短期影响机制，并考察哪些因素是影响股价周期成分的关键因素。

第6章主要将趋势与周期分解方法应用于股票市场的趋势预测与转折点识别中。首先对股票价格序列进行趋势与周期分解，然后再利用先进的小波分析工具从周期成分中提取有用的转折点识别信号，并提出两个可行的转折点识别指标，以实现对关键转折点的识别，从而对股票价格趋势做出预测。具体做法是，针对 Zheng 等（2013）、Bai 等（2015）提出的自适应系统框架中的内部模型和转折点识别指标所存在的不足进行改进。首先，对股价指数建立 ARFIMA 模型进行趋势与周期分解。该方法不仅考虑了随机性趋势的存在，而且可以对分数阶或1阶差分平稳过程进行建模。因此，本书采用的内部模型更加有效，尤其是针对具有潜在长记忆特性的股票市场。其次，他们所使用的DWT存在两个方面的局限性——DWT的结构函数对于负阶矩不适用，并且它的标度指数不能用于包含振荡奇点的信号。为了突破上述局限性，本书采用Lashermes 等（2005）、Jaffard 等（2006）提出的更为先进的小波领袖法（Wavelet Leaders Method）。通过使用该方法分析股价周期成分的多重分形特征，从而提出两个转折点识别指标。第一个指标是基于小波领袖法的3阶多重分形参数；第二个指标是小波领袖法与DWT的标度指数值之间差异的变动大小。最后，将这两个指标应用于上证指数与道琼斯指数中，并与Bai 等（2015）的识别结果进行对比，以检验它们的转折点识别性能。

通过如图1-1所示的技术路线图可以展示本书主要章节之间的逻辑关系。本书首先在第2章中总结出了我国股市的三个经验特征：（1）我国股价指数总体上呈现出大幅波动、急涨急跌；（2）我国股价指数与宏观经济之间存在一定的关联性，但关联性非常微弱；（3）我国股价指数具有长记忆性、均值回复现象和可预测性。根据特征（3）可以判断出，我国股价指数存在趋势与周期。

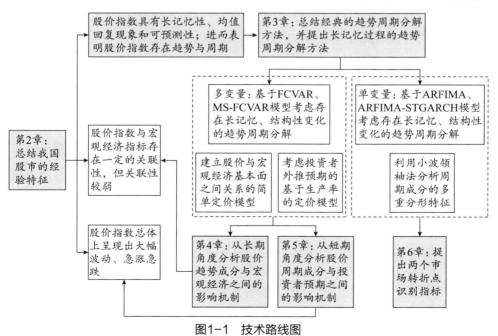

图1-1　技术路线图

于是，本书在第3章中总结经典的趋势与周期分解方法并基于此拓展性地提出适用于长记忆过程的分解方法。在多变量情形下，结合理论模型的分析结果，利用 MS-FCVAR 模型及其分解方法得到股价指数的趋势与周期，从而在第4章、第5章中分别从长期角度分析股价趋势成分与宏观经济基本面、从短期角度分析股价周期成分与投资者预期之间的影响机制，由此解释了第2章中的特征（2）和特征（3）。在单变量情形下，基于我国股价指数具有可预测性这一经验特征，本书在第6章中通过对股价指数进行趋势与周期分解，并结合小波领袖法这一分形分析技术，达到了识别市场转折点和趋势预测这一重要目的。

1.3.2　创新之处

本书在现有研究的基础之上，以上证指数为代表，从长期与短期的角度研究了我国股市的趋势与周期的运行特征及其主要影响因素，本书的主要创新点包括以下几个方面：

（1）从研究视角上来看，现有的相关研究普遍只关注股价指数本身的波动特征及其影响因素，并基于此讨论股价指数与宏观经济之间的关联性。鲜有文献从长期与短期或者说趋势与周期的角度深入分析我国股市的波动特征、影响因素及其与宏观经济基本面之间的关联性，能够从理论与实证两方面探讨这一问题的系统分析框架更是严重缺乏。这样一来，难以准确把握我国股市是否从长期意义上真正背离了经济基本面及其背离程度，更难以全面分析我国股市长期趋势与周期波动的运行规律及其关键影响因素。本书在总结我国股市基本运行特征的基础之上，提出能够准确分离股票市场趋势与周期的计量方法，再分别从长期与短期、理论与实证角度建立系统分析框架，深入探究我国股市在经济高速发展的背景下却频繁出现异常波动的内在原因及关键影响因素。这具有非常重要的创新意义。

（2）从方法论的角度来看，目前从经济时间序列中分离经济周期的方法已非常丰富，但大多都是针对 $I(1)$ 过程进行趋势周期分解，如何对更广泛的

$1(d)$ 过程进行趋势周期分解还值得进一步研究。本书对经典的分解方法进行拓展，针对我国股市存在的长记忆性及结构性变化等特征提出一些新的单变量、多变量计量模型及趋势周期分解方法，包括 FCVAR 模型的趋势与周期分解；存在对称阈值的 ARFIMA-STGARCH 模型以及引入了马尔科夫机制转换结构的 MS-FCVAR 模型及其趋势周期分解。本书提出的趋势周期分解方法拓展了已有的方法，具有更广泛的应用范围。这同样具有重要的创新意义。

（3）在分析我国股价指数的长期趋势与宏观经济变量之间的关系时，理论上在一个单部门生产经济中考虑代表性家庭的效用最大化问题，并建立一个能够体现股价与宏观经济基本面之间关系的简单定价模型。根据理论模型的推导结果，产出 - 资本比率、投资 - 资本比率以及生产率是影响股价的主要基本面因素。实证上首次应用既能容纳结构性变化又考虑了分数阶协整的 MS-FCVAR 模型及其趋势周期分解方法，并发现了两个全新的重要结论：其一，在2007年第4季度前后，变量间的长期协整关系发生了结构性变化。主要体现在产出 - 资本比率对股价的影响由负转为正，其主要原因是我国经济逐渐步入"新常态"，拉动产出增长的动力逐渐发生了转变。其二，股价指数与生产率之间存在着共同趋势，但它与所有变量都不存在共同周期。也就是说，从长期趋势来看，股价与宏观经济因素之间存在着非常紧密的关联性，其中最关键的因素是生产率。从周期成分来看，股价波动与宏观经济变量之间的关联性非常微弱。

（4）在分析我国股价指数的周期波动及其影响因素时，重点考虑了投资者的非理性外推预期。理论上使用基于生产率的资产定价模型，从宏观层面考虑了生产率的长期增长风险、从微观层面考虑了投资者的非理性外推预期，并在很大程度上解释了我国股价的风险溢价及波动性之谜。实证上通过建立股价周期成分、投资者外推预期、PPI、投资以及固定资本形成额的 SVAR 模型，分析它们对股价周期成分的短期影响机制。结果发现，投资者外推预期对股价周期成分的影响作用最为关键。

（5）本书通过对股价序列进行趋势与周期分解，再利用先进的小波领袖法分析股价周期成分的多重分形特征，提出了两个全新的转折点识别指标。一个是基于小波领袖法的3阶多重分形参数；另一个是小波领袖法与 DWT 的标度指数值之间差异的变动大小。将它们应用于上证指数和道琼斯指数，本书发现这两个指标在预测关键转折点及高风险点方面都有良好的表现。与已有文献提出的识别指标进行对比测试，本书提出的两个指标具有更为突出的转折点识别能力。

第2章 我国股票市场的运行特征

在过去的几十年里，人们对股票市场的运行特征给予了极大的关注，事实证明，股票市场的运行确实表现出一系列典型的特征，例如周期性波动、波动性聚集、均值回复、长记忆性以及风险溢价等。自1990年12月上海证券交易所成立以来，我国股市从初步成形到逐步扩张，再到规范发展、开拓创新，在各阶段都表现出独特的波动特征。本章首先通过细致划分我国股市的各个"牛熊"阶段，并分析其"牛熊"周期特征，再对比以美国股市为代表的成熟市场的"牛熊"周期特征，总结出我国股市的典型特征；然后，对比宏观经济基本面状况，判断我国股市是否发挥了"经济晴雨表"的作用，以及它们之间的关联性；最后，检验我国股市是否具有均值回复现象、长记忆性及可预测性，从而进一步判断我国股市是否存在暂时性成分（周期成分）与持续性成分（趋势成分）。这也是进一步研究我国股市的长期趋势与周期波动的重要前提。

2.1 我国股市的"牛熊"周期特征

众所周知，以股票为代表的金融市场的运行有一个典型的特征是：在经历一段时间的繁荣之后，必定会伴随着一段时间的调整。也就是说，股票价格会在较长一段时间内呈现普遍上升或普遍下降趋势。大家通常把这种具有普遍上升趋势或普遍下降趋势的时期称为"牛市"或"熊市"。本节选取上证指数从1991年1月至2020年6月的月度收盘价格指数（见图2-1），分析我国股市此段时期的运行状况及"牛熊"特征。

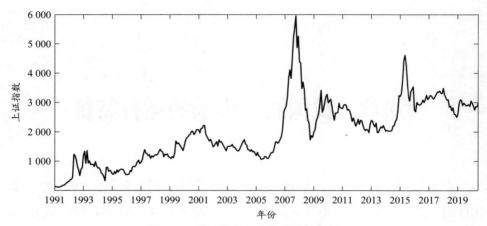

图2-1 上证指数月度收盘价格指数

（数据来源：Wind 数据库）

目前，金融界对"牛市"与"熊市"给出了一些细化定义。有的认为当6个月以上的上涨幅度（或下跌幅度）超过20% 或25% 时，才能称之为"牛市"（或"熊市"）；有的认为当股票价格处于250日移动平均线以上时，就是"牛市"行情，否则就是"熊市"行情。本书主要借鉴 Pagan 等（2003）、Edwards 等（2003）的做法来界定"牛市"与"熊市"阶段。划分"牛市"和"熊市"阶段的前提是，先要确定股票价格指数在各"牛熊"阶段的转折点，也就是波峰与波谷的位置。确定规则如下：

将月度收盘价格指数记为 P_t，其自然对数记为 $p_t = \ln P_t$；若 $\{p_{t-8}, \cdots, p_{t-1} < p_t > p_{t+1}, \cdots, p_{t+8}\}$，则记时刻 t 为一个波峰；若 $\{p_{t-8}, \cdots, p_{t-1} > p_t < p_{t+1}, \cdots, p_{t+8}\}$，则记时刻 t 为一个波谷[①]。按照这一规则识别出所有的波峰与波谷之后，还需根据以下三个条件对其进行筛选：（1）为了确保"牛熊"阶段交替出现，在连续出现的波峰（或波谷）中只保留一个最大者（或最小者）；（2）一个完整的"牛熊"周期的长度不少于16个月；（3）任意一组波峰与波谷之间的时间

---

① 窗口宽度的选择可能会影响划分结果，本书根据 Pagan 等（2003）的建议选择窗口宽度为 8 个月。

间隔不少于6个月，除非这一阶段的涨跌幅超过20%[①]。

一旦确定了波峰与波谷的位置，就可以将整个样本期划分为不同的"牛熊"阶段。如图2-2所示，图中曲线为上证指数月度收盘对数价格走势，实线表示"牛市"阶段，虚线表示"熊市"阶段。从图中可以看出，上证指数在整个样本期共经历了九个完整的"牛熊"周期；2019年年初至样本末期没有识别出波峰，上证指数可能正处于第10个周期的上涨阶段。

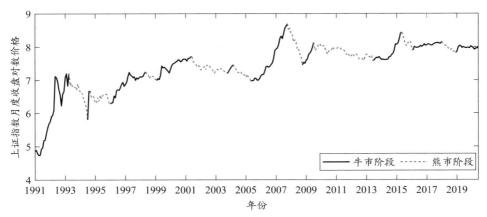

图2-2　上证指数的对数收盘价及"牛熊"阶段划分

本书在表2-1中总结出了这九个"牛熊"周期的起止时间，并通过五个度量指标来描述各"牛熊"阶段的波动特征，包括上涨或下跌的幅度（A）、持续月数（D）、波动大小（V）、大幅波动占比（B^+ 或 B^-）以及波动形态（EX）。如果用符号 t_{start} 和 t_{end} 表示各"牛熊"阶段的起止时刻，那么，各个阶段的涨跌幅即为 $A=p_{t_{end}}-p_{t_{start}}$；持续月数：$D=t_{end}-t_{start}$；波动大小定义为[②]：

$$V = D^{-1} \sum_{t=t_{start}+1}^{t_{end}} |\Delta p_t| \qquad (2-1)$$

B^+ 和 B^- 分别指代各阶段中月收益率大于10%和小于 –10% 的月份所占的比

---

① 本书中的"涨跌幅"及"收益率"都是由股票价格指数的对数差分计算得出。

② 根据 Edwards 等（2003）的建议，可以用对数收益率的绝对值在各阶段的平均大小来衡量股票价格的波动大小。

例，也就是大幅波动所占的比例。波动形态用 Harding 等（2002）定义的超额指数（Excess Index，简记为 EX）来刻画，即为：

$$EX = (C - 0.5A - 0.5AD)/D \qquad (2\text{-}2)$$

式中，$C = \sum_{t=t_{\text{start}}}^{t_{\text{end}}} \left(p_t - p_{t_{\text{start}}} \right)$；$A$ 和 D 分别表示涨跌幅度和持续月数。

表2-1　上证指数的"牛熊"周期及其特征

	起止时间	A	D	V	B^+	B^-	EX
周期 1	牛：1991-1～1993-4	234.7%	27	0.192	0.444	0.222	−0.085
	熊：1993-4～1994-7	−140.3%	15	0.131	0.067	0.4	0.132
周期 2	牛：1994-7～1994-9	86.3%	2	0.431	0.500	0	0.212
	熊：1994-9～1996-1	−38.7%	16	0.091	0.125	0.375	−0.011
周期 3	牛：1996-1～1998-5	96.6%	28	0.071	0.179	0.071	0.134
	熊：1998-5～1999-2	−25.8%	9	0.051	0	0.111	−0.013
周期 4	牛：1999-2～2001-6	71.0%	28	0.052	0.143	0	0.105
	熊：2001-6～2003-10	−49.8%	28	0.049	0.036	0.036	−0.089
周期 5	牛：2003-10～2004-3	25.6%	5	0.051	0	0	0.002
	熊：2004-3～2005-5	−49.6%	14	0.056	0	0.143	−0.016
周期 6	牛：2005-5～2007-10	172.5%	29	0.071	0.241	0	−0.235
	熊：2007-10～2008-10	−123.7%	12	0.129	0	0.5	0.074
周期 7	牛：2008-10～2009-7	68.0%	9	0.082	0.333	0	−0.070
	熊：2009-7～2013-6	−54.5%	47	0.053	0.043	0.064	−0.020
周期 8	牛：2013-6～2015-5	84.6%	23	0.048	0.174	0	−0.212
	熊：2015-5～2016-2	−54.0%	9	0.093	0.111	0.333	−0.034
周期 9	牛：2016-2～2018-1	25.9%	23	0.026	0.043	0	0.028
	熊：2018-1～2018-12	−33.3%	11	0.039	0	0	−0.015

注：A 和 D 分别表示涨跌幅度和持续月数；V 表示波动大小，由式（2-1）计算得出；B^+ 和 B^- 分别表示各阶段中月收益率大于 10% 和小于 −10% 的月份所占的比例；EX 为超额指数，由式（2-2）计算得出。

超额指数能够反映各阶段股票价格走势相对于"三角近似"的偏差[①]。所谓"三角近似"，就是当股票收益为无漂移的随机游走过程时，其价格曲线与持续时间、涨跌幅度三者之间渐进呈三角形态（如图2-3中的直角三角形所示，直角边分别为持续月数和涨跌幅度，斜边为价格曲线），并且此时的超额指数等于0。当超额指数为正时，价格曲线的斜率呈递减趋势，并向上偏离"三角近似"，如图2-3（a）与图2-3（c）中的虚线所示。当超额指数为负时，价格曲线的斜率呈递增趋势，并向下偏离"三角近似"，如图2-3（b）与图2-3（d）中的虚线所示。超额指数的绝对值越大，意味着价格曲线偏离"三角近似"的程度越大。

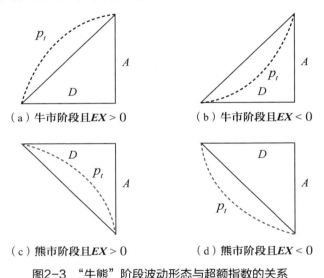

（a）牛市阶段且$EX>0$　　　　　（b）牛市阶段且$EX<0$

（c）熊市阶段且$EX>0$　　　　　（d）熊市阶段且$EX<0$

图2-3 "牛熊"阶段波动形态与超额指数的关系

第1个"牛熊"周期从样本初期开始，到1994年7月底结束，累计涨幅为94.4%。其中，样本初期至1993年4月底处于"牛市"阶段，持续时间为27个月，累计上涨幅度为234.7%，月平均收益率为8.7%；从超额指数可以看出，这一阶段的波动形态向下偏离"三角近似"，前期上涨速度较小，后期上涨速度较大，月收益率大致呈递增趋势；但同时波动性也较大，大幅波动[②]占比高

[①]　有关超额指数的更为详细的讨论，请参考 Harding 等（2002）、Pagan 等（2003）。

[②]　当月收益率大于 10% 或小于 −10% 时，称之为大幅波动或暴涨暴跌。

达2/3，其中1992年5月的涨幅达到了102%，这也是上证指数在整个样本期内涨幅最大的一个月。从1993年4月底开始，进入为期15个月的调整期，调整幅度为–140.3%，月平均收益率为–9.4%；同时，超额指数显示后期的调整速度比前期更快，表明市场反应有些滞后；另外，相较于前一阶段的上涨过程而言，这一下跌过程的波动性有所降低，但也有将近一半的时间处于大幅波动状态。

第2个"牛熊"周期从1994年7月底开始，到1996年1月底结束，整个周期长度只有一年半，累计涨幅为47.6%；这是上证指数在样本期内历时最短的一个周期。其中，"牛市"行情只维持了两个月，剩下的16个月都处于调整状态。虽然只有短短两个月的上涨期，但其涨幅却达到了86.3%。其中，1994年8月的涨幅高达85.5%，9月份的涨幅却不到1%，表现出高波动性且前期上涨速度远大于后期，从波动大小指标 V 以及超额指标 EX 中也可以看出这一点。从1994年9月底开始进入较长的调整期，虽然调整的时间长，但调整幅度并不大，月平均下跌幅度只有2.4%。即便如此，但也有一半的时间处于异常波动状态，且前期调整速度大于后期，市场反应较前一周期更为迅速。

第3个"牛熊"周期从1996年1月底开始进入"牛市"阶段，历经28个月的逐步上涨过程，于1998年5月底到达最高点，此后进入为期9个月的调整阶段，并于1999年2月底结束，累计涨幅为70.8%。其中，"牛市"阶段与"熊市"阶段的月平均收益率分别为3.5%和–2.9%。从波动大小指标 V 以及大幅波动占比来看，对比前两个周期，这一周期中各阶段的波动性都明显有所降低。另外，不管是"牛市"阶段还是"熊市"阶段，从波动形态来看，都是在前期收益变化较大，后期有所放缓；这与上一个周期类似。

第4个"牛熊"周期从1999年2月底开始到2003年10月结束，周期长度为56个月，累计涨幅为21.2%。其中上涨阶段与下跌阶段持续时间相同，都维持了28个月。但是从涨跌幅度来看，累计上涨的幅度要大于下跌的幅度。上涨阶段的月平均收益率为2.5%，而下跌阶段的月平均收益率为–1.8%。因此，对于整个周期而言，总收益仍然为正；并且波动大小较前几个周期进一步放缓，市场表现出稳中有升的良好态势。同时，从波动形态来看，各阶段还是保持前期收益变化较大，后期较小；与第2个和第3个"牛熊"周期类似。

第5个"牛熊"周期开始于2003年10月底，结束于2005年5月底，周期长度为19个月，整个周期的累积收益率为−24%，这也是上证指数在样本期间累计跌幅最大的一个周期。这一周期的"牛市"阶段持续时间较短，上涨幅度较小；从2003年10月底开始到2004年3月底结束，累计涨幅只有25.6%，是上证指数在样本期内涨幅最小的一个"牛市"阶段。这一阶段的波动性也相对较小，没有出现大幅波动的月份，同时从波动形态来看非常接近"三角近似"。剩下的14个月属于"熊市"行情，月平均下跌幅度为3.5%；其波动大小与前面的"牛市"阶段相差不大，但波动形态上有所不同，大致表现为向下偏离"三角近似"，也就是前期快速调整，后期调整速度稍缓。

第6个"牛熊"周期的起止时间为2005年5月底至2008年10月底，累计涨幅为48.8%。这一周期中的"牛市"行情持续时间较长，为期29个月，是上证指数在样本期内持续时间最长的一个"牛市"阶段；同时上涨幅度也较大，累计涨幅高达172.5%，仅次于样本初期的第1个"牛市"。并且，前期缓慢上涨，后期进入爆发期并加速上涨，于2007年10月底达到峰值。令人遗憾的是，随着"牛市"泡沫的破裂，市场进入一段非常深刻的调整期。为期一年的"熊市"行情，其调整幅度高达123.7%，月平均跌幅为10.3%。调整幅度仅次于样本初期的第一次调整，从月平均跌幅来看，在样本期内居于第一，其中有一半的时间处于大幅下跌状态。从波动形态来看，这一周期与样本初期的第1个周期也较为类似，超额指数表现为由负转为正。

第7个"牛熊"周期从2008年10月底开始到2013年6月底结束，持续时间为56个月，与第4个周期长度一致，累计涨幅为13.5%。但是，与之不同的是，这一周期中大部分的时间都处于"熊市"行情。"牛市"行情只持续了短短的9个月，月平均收益率为7.6%；同时相比前面4个"牛市"阶段而言，波动性也有些许增大。但波动形态仍与上一"牛市"阶段类似，前期上涨速度较慢，后期逐渐递增。

从2009年7月底开始，市场经历了一段非常漫长的调整期，历时接近四年。这也是上证指数在样本期内持续时间最长的一段"熊市"行情。在这一漫长的探底过程中，市场累计下跌幅度为54.5%，月平均跌幅为1.2%，波动性较之前的上涨阶段而言有所放缓，整体趋势为前期下跌速度较快，后期缓慢下跌。

第8个"牛熊"周期从2013年6月底开始，到2016年2月底结束，累计涨幅为30.6%。这一周期中，上涨阶段比下跌阶段持续时间更长，从2013年6月底开始，到2015年5月底结束上涨，历时接近两年；累积上涨幅度为84.6%，月平均涨幅为3.7%，且波动性相对较小。从波动形态来看，这一"牛市"行情跟第6个周期的"牛市"行情（2005年5月底至2007年10月底）非常类似，其走势都较大程度地向下偏离"三角近似"，表现为前期缓慢上涨，后期快速拉升。但总体而言，这一"牛市"行情中，市场反应较为平缓。但是，在这一周期的"熊市"行情中，市场反应更为迅速，前期快速调整，后期逐渐放缓。调整时间相对较短，历时9个月，调整幅度为54%。同时，市场波动也较为剧烈，大幅波动占比高达44.4%。

第9个"牛熊"周期的起止时间为2016年2月底至2018年年底，历时34个月，累计收益率为-7.4%。其中"牛市"行情持续时间为23个月，累计涨幅为25.9%，月平均收益率仅有1.1%；从波动大小来看，这一阶段在整个样本期间波动最小；从波动形态来看，表现为向上偏离"三角近似"，前期收益增长较快，后期较慢。"熊市"阶段从2018年1月底开始到年底结束，持续时间为11个月，月平均收益率为-3.0%，波动性也相对较小，没有出现暴涨暴跌的月份；同时，前期调整速度较快，后期较慢，从而表现出向下偏离"三角近似"。

纵向对比9个"牛熊"周期，其中涨跌幅最大的是样本初期的第1个周期，其次是2005年至2008年间的第6个周期；最小的是2016年至2018年间的第9个周期。从持续时间来看，最长的是第4个周期和第7个周期，周期长度同为56个月；最短的是第2个周期，周期长度只有18个月。其中，最长的"牛市"行情持续时间为29个月，最短的只有2个月；然而，最长的"熊市"行情持续时间则高达47个月，最短的也有9个月。并且，这9个周期中，第2个周期、第5个周期以及第7个周期中的"熊市"行情持续时间都远大于相应的"牛市"阶段。从波动大小来看，随着我国股市不断发展成熟，其波动性大体上趋于递减，但在第6个周期以及第8个周期中仍然出现过较多次的暴涨暴跌状态。从波动形态来看，大部分周期的超额指数在上涨阶段为正，在下跌阶段转为负，即表现为：在"牛市"阶段先快速拉升后缓慢上涨，在"熊市"阶段先快速回调后缓慢下跌。但也有例外，例如在第7个周期和第8个周期中，超额指数在"牛市"与"熊市"阶段都为负，表现为在顶部附近指数变化较大，在底部附近变化较小。

2.2 对比美国股市的"牛熊"周期

美国股票市场是全世界迄今为止最为成熟、规模最大的股票市场，其运行历史非常悠久，大致可以追溯到19世纪初期，但真正得到迅速发展是在20世纪以后。道琼斯指数是美国股市乃至全世界上历史最为悠久的股价指数；其中最具影响力、使用范围最广的道琼斯工业平均指数于1896年5月正式问世。本节选取道琼斯工业平均指数（简称道指）从1915年1月至2020年6月的月度收盘价格指数（见图2-4），分析美国股市的历史运行状况及其"牛熊"特征，并与我国股市的"牛熊"周期特征进行对比。由于样本的时间跨度过长，为了便于分析与比较，下面将样本区间划分为三个阶段。第一阶段从1915年1月至1953年8月，共464个样本数据。这一阶段的美国股市在危机中建立并完善了一整套现代证券法律体系，道指在风风雨雨中缓慢成长，并伴随着大幅的起起落落，如图2-4（a）所示。第二阶段从1953年8月至1982年7月，共347个交易月度。这一阶段的美国经济先后经历了从繁荣到衰退再到逐渐复兴的跌宕起伏过程，道指表现出以震荡为主，如图2-4（b）所示；第三阶段从1982年7月至2020年6月，共455个交易月度。这一阶段的美股进入新经济时代，随着美国"长周期"经济增长模式的开启，道指持续攀升，以上升趋势为主，如图2-4（c）所示。

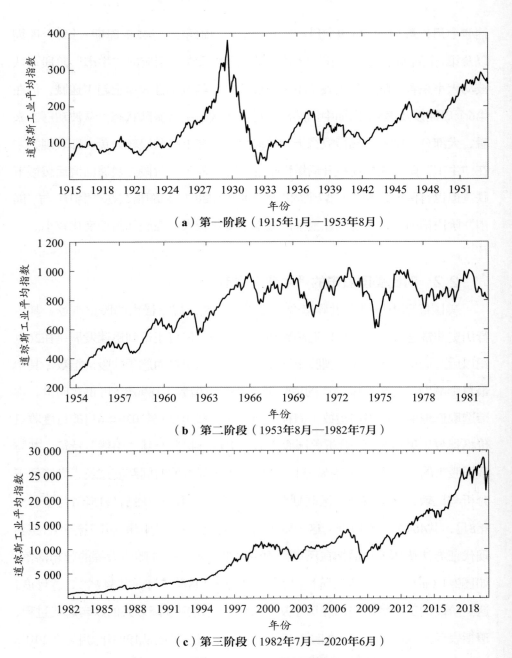

（a）第一阶段（1915年1月—1953年8月）

（b）第二阶段（1953年8月—1982年7月）

（c）第三阶段（1982年7月—2020年6月）

图2-4　道琼斯工业平均指数月度收盘价格指数

（数据来源：Wind 数据库）

同样地，将道指转换为对数价格，并按照相同的规则 ① 对其进行"牛熊"周期划分。需要说明的是，在选取样本并划分三个阶段时，样本的起始点和阶段的划分点都是所在周期的波谷，因此，从图2-5（a）中可以看到，第一阶段中包含了8个完整的"牛熊"周期；其中实线对应于上涨阶段，虚线对应于下跌阶段。第二阶段共经历了10个完整的"牛熊"周期，如图2-5（b）所示。然而，图2-5（c）显示，第三阶段只识别出6个完整的"牛熊"周期。从2015年9月底至样本末期这段时间内，未识别出波峰或波谷，此时道指可能正处于第10个周期的探顶阶段。

　　从图2-5中可以初步发现，第一阶段的美国股市"牛熊"时间分布相差不大，且容易出现暴涨暴跌，波动性较大；第二阶段"牛熊"占比也相差不大，但周期长度和波动性都明显减小了。但是，1982年后的美国股市大部分时间都处于"牛市"行情，每次下跌调整的幅度小且持续时间短，同时波动性也很小。对比图2-2与图2-5，很明显可以看出，1991年1月至2020年6月的我国股市，不管是上涨持续时间还是运行的稳定性，都与美国股市相差甚远。反而与第一阶段的美国股市可能更为相似。为了进一步对比我国股市与美国股市之间的运行特征，下面继续采用上一节中介绍的分析方法，从多个角度对道指的"牛熊"周期特征进行度量，包括涨跌幅度、持续月数、波动大小、大幅波动占比以及超额指数。表2-2、表2-3以及表2-4分别总结出了道指在第一阶段、第二阶段以及第三阶段的"牛熊"周期及其特征。

　　第一阶段中，从涨跌幅度来看，道指的累计涨幅为152.9%，月平均涨幅约为0.33%。八轮"牛市"行情中，累计涨幅最大的是1921年至1929年间的第3轮"牛市"，其涨幅高达173.5%；最小的是1938年3月至年底的第6轮"牛市"，涨幅为44.7%。而八轮"熊市"行情中，跌幅最大的是1929年至1932年间的第3轮"熊市"，其跌幅为218.4%，最小的是1952年至1953年间的第8轮"熊市"，

---

① 具体规则见上一节中上证指数"牛熊"周期的划分规则。

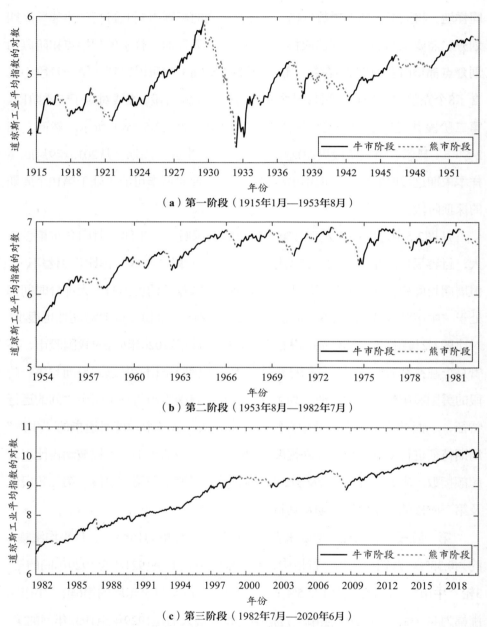

（a）第一阶段（1915年1月—1953年8月）

（b）第二阶段（1953年8月—1982年7月）

（c）第三阶段（1982年7月—2020年6月）

图2-5　道琼斯工业平均指数的对数收盘价及"牛熊"阶段划分

跌幅为11.1%。从持续时间来看，持续时间最长的上涨行情也是第3轮"牛市"，为期96个月；最短的是第6轮"牛市"，为期9个月。持续时间最长的下跌阶段是第7轮"熊市",为期37个月;最短的是第4轮"熊市",为期6个月。从波动大小以及大幅波动占比来看,第3轮周期与第4轮周期的波动性要明显大于其他周期,而第8轮周期的波动性最小。从波动形态来看,大部分周期的超额指数在"牛熊"两阶段都为正,向上偏离"三角近似",说明在波峰附近的指数变化速度要小于波谷附近。

表2-2 道琼斯工业平均指数的"牛熊"周期及其特征(第一阶段)

	起止时间	A	D	V	B⁺	B⁻	EX
周期1	牛:1915-1~1916-11	62.8%	22	0.054	0.182	0	0.082
	熊:1916-11~1917-11	−37.8%	12	0.049	0	0.167	0.028
周期2	牛:1917-11~1919-10	49.3%	23	0.036	0.043	0	−0.063
	熊:1919-10~1921-8	−57.2%	22	0.052	0.045	0.136	−0.054
周期3	牛:1921-8~1929-8	173.5%	96	0.041	0.031	0	−0.140
	熊:1929-8~1932-6	−218.4%	34	0.107	0.059	0.441	0.204
周期4	牛:1932-6~1934-1	91.7%	19	0.118	0.368	0.105	0.092
	熊:1934-1~1934-7	−19.7%	6	0.039	0	0	0.016
周期5	牛:1934-7~1937-2	75.5%	31	0.033	0	0	0.032
	熊:1937-2~1938-3	−63.8%	13	0.074	0	0.378	0.105
周期6	牛:1938-3~1938-12	44.7%	9	0.063	0.222	0	0.068
	熊:1938-12~1942-4	−48.4%	40	0.044	0.025	0.050	0.062
周期7	牛:1942-4~1946-5	80.0%	49	0.030	0	0	0.020
	熊:1946-5~1949-6	−23.8%	37	0.030	0	0	−0.050
周期8	牛:1949-6~1952-12	55.6%	42	0.028	0	0	0.065
	熊:1952-12~1953-8	−11.1%	8	0.020	0	0	0.005

注:A 和 D 分别表示涨跌幅度和持续月数;V 表示波动大小,由式(2-1)计算得出;B^+ 和 B^- 分别表示各阶段中月收益率大于10%和小于−10%的月份所占的比例;EX 为超额指数,由式(2-2)计算得出。

第二阶段中,从涨跌幅度来看,道指的累计涨幅为113.7%,月平均涨幅与第一阶段保持一致,也为0.33%。十轮"牛市"行情中,累计涨幅最大的是

1953年至1956年间的第1轮"牛市",涨幅为68.4%;最小的是1978年至1979年间的第9轮"牛市",涨幅只有17.9%。十轮"熊市"行情中,跌幅最大的是1972年至1974年间的第7轮"熊市",跌幅为51.2%;最小的是1979年至1980年间的第9轮"熊市",跌幅只有12.2%。从持续时间来看,持续最久的上涨行情是第4轮"牛市",长达43个月;最短的是第6轮"牛市",只持续了10个月。调整时间最长的是第7轮"熊市",持续了21个月;最短的是第3轮"熊市",调整时间为半年。从波动大小来看,相比第一阶段,这一阶段的波动性明显有所降低,并且出现异常波动的次数也显著降低了。总体上,各轮周期的波动性相差不大。从波动形态来看,与第一阶段类似,大部分周期的"牛熊"阶段都向上偏离"三角近似",表现出"牛市"中上涨速度先快后慢,"熊市"中下跌速度先慢后快。但是,仔细对比也能发现,这一阶段的超额指数更接近于0,也就是说,这一阶段的股票收益偏离"三角近似"的程度更小,更接近于无漂移随机游走过程。

表2-3　道琼斯工业平均指数的"牛熊"周期及其特征（第二阶段）

	起止时间	A	D	V	B^+	B^-	EX
周期1	牛：1953-8~1956-7	68.4%	35	0.031	0	0	0.052
	熊：1956-7~1957-12	−17.3%	17	0.031	0	0	0.010
周期2	牛：1957-12~1959-12	44.4%	24	0.026	0	0	0.023
	熊：1959-12~1960-9	−15.8%	9	0.037	0	0	−0.008
周期3	牛：1960-9~1961-12	23.1%	15	0.021	0	0	0.026
	熊：1961-12~1962-6	−26.4%	6	0.048	0	0	0.047
周期4	牛：1962-6~1966-1	56.1%	43	0.024	0	0	0.054
	熊：1966-1~1966-9	−23.9%	8	0.032	0	0	0.012
周期5	牛：1966-9~1968-11	24.1%	26	0.029	0	0	0.000
	熊：1968-11~1970-6	−36.5%	19	0.038	0	0	0.021
周期6	牛：1970-6~1971-4	32.0%	10	0.034	0	0	0.007
	熊：1971-4~1971-11	−12.3%	7	0.031	0	0	−0.005

表2-3（续）

	起止时间	A	D	V	B⁺	B⁻	EX
周期 7	牛：1971-11~1972-12	20.5%	13	0.023	0	0	0.022
	熊：1972-12~1974-9	−51.2%	21	0.040	0	0.143	0.094
周期 8	牛：1974-9~1976-12	50.2%	27	0.040	0.074	0	0.085
	熊：1976-12~1978-2	−30.3%	14	0.028	0	0	0.013
周期 9	牛：1978-2~1979-8	17.9%	18	0.033	0.056	0	0.022
	熊：1979-8~1980-3	−12.2%	7	0.038	0	0	0.014
周期 10	牛：1980-3~1981-3	24.5%	12	0.030	0	0	0.033
	熊：1981-3~1982-7	−21.6%	16	0.023	0	0	−0.020

注：见表 2-2。

第三阶段中，从涨跌幅度来看，道指在这一阶段的涨幅远高于前两个阶段，累计涨幅高达346%，月平均涨幅为0.76%。并且，每次大幅上涨之后的调整幅度都普遍较小。六轮"牛市"行情中，上涨幅度最大的是1987年至1999年间的第3轮"牛市"，涨幅高达183.6%；最小的是2004年至2007年间的第5轮"牛市"，涨幅为32.9%。而六轮"熊市"行情中，跌幅最大的却也是第5轮"熊市"，跌幅为67.9%；最小的是2004年间的第4轮"熊市"，跌幅仅为5.4%。从持续时间来看，"牛市"阶段的持续时间普遍较长，其中最长的是第3轮"牛市"，长达12年之久，堪称"史上第一长牛"；最短的是第1轮"牛市"，为期16个月。持续时间最长的"熊市"也是在第3轮中，但下跌时间也只有33个月；最短的"熊市"行情只调整了短短3个月，也就是1987年的第2轮"熊市"。从波动大小来看，第2轮下跌阶段的波动性最大，另外第5轮下跌阶段的波动性也小幅增大，其他阶段的波动性都普遍较小。从波动形态来看，各阶段的形态各异。相较而言，第1轮与第6轮"牛市"行情较大幅度地向上偏离"三角近似"，而第2轮与第3轮"牛市"行情则较大幅度地向下偏离"三角近似"。下跌阶段中，第3轮与第5轮"熊市"较大幅度地向上偏离"三角近似"，而其他"熊市"阶段都比较接近"三角近似"。

表2-4　道琼斯工业平均指数的"牛熊"周期及其特征（第三阶段）

	起止时间	A	D	V	B^+	B^-	EX
周期1	牛：1982-7~1983-11	45.6%	16	0.035	0.125	0	0.082
	熊：1983-11~1984-5	−14.4%	6	0.029	0	0	0.004
周期2	牛：1984-5~1987-8	88.0%	39	0.036	0.026	0	−0.071
	熊：1987-8~1987-11	−37.3%	3	0.124	0	0.333	0.019
周期3	牛：1987-11~1999-12	183.6%	145	0.032	0	0.014	−0.096
	熊：1999-12~2002-9	−41.5%	33	0.043	0	0.061	0.084
周期4	牛：2002-9~2004-2	33.2%	17	0.036	0.059	0	0.002
	熊：2004-2~2004-10	−5.4%	8	0.014	0	0	−0.006
周期5	牛：2004-10~2007-10	32.9%	36	0.021	0	0	−0.029
	熊：2007-10~2009-2	−67.9%	16	0.050	0	0.188	0.110
周期6	牛：2009-2~2015-2	94.3%	72	0.031	0	0	0.113
	熊：2015-2~2015-9	−10.7%	7	0.020	0	0	0.019

注：见表2-2。

为了进一步对比我国股市与美国股市的"牛熊"周期及运行特征，下面在表2-5中总结出了上证指数与道指的整体波动特征，包括"牛熊"阶段的平均上涨幅度、平均持续月数、平均波动大小、大幅波动占比以及整体波动形态。另外，考虑到我国股市在成立初期，由于监管体制不健全，上市公司披露信息不及时，以及股票发行量少而投资者多，市场较为封闭，恶意炒作与盲目跟风现象盛行，股价曾表现出大幅上扬且异常波动，形成表面繁荣。例如，1994年8月，上证指数在一个月内就上涨了85.5%。直至1998年以后，随着我国第一部规范证券发行与市场交易行为的法律（《中华人民共和国证券法》）正式颁布，市场才开始逐步规范发展。因此，为了提升对比结果的可靠性，本书再进一步将上证指数划分为两个阶段，1999年之前的三轮周期为第一阶段，1999年之后的六轮周期归为第二阶段。

从表2-5中可以看出，我国股市处于第一阶段时，"牛市"的平均涨幅远大于"熊市"的平均跌幅。并且,"牛市"行情的平均持续月数也大于"熊市"行情的平均持续月数。同时,"牛市"行情的波动性也较大,大幅波动占比将近一半。超额指数表明,"牛市"的波动形态大幅向上偏离"三角近似",表现为先快速拉升后顶部震荡;下跌时非常接近"三角近似",表现为逐步下跌。然而,到了第二阶段,上证指数在"牛市"中的平均涨幅明显回落,但平均持续时间却保持不变。相反,"熊市"中的平均下跌幅度变化不大,但下跌持续时间却显著增加了。相比第一阶段,上涨与下跌时的波动性都有所降低,但仍存在较大的波动性;并且上涨时的波动形态仍小幅偏离"三角近似",下跌时市场反应变得更加及时,先快速调整后缓慢下跌。因此,就我国股市前后两阶段而言,前一阶段涨多跌少、牛长熊短、剧烈波动、急涨慢跌,后一阶段涨跌相当、牛短熊长、大幅波动、急涨急跌。

表2-5 上证指数与道指对比

	"牛熊"阶段数	$\bar{A}$	$\bar{D}$	$\bar{V}$	B^+	B^-	$\overline{EX}$
上证指数第一阶段 (1991-1~1999-2)	牛:3	139.2%	19	0.141	0.316	0.140	0.145
	熊:3	−68.3%	13	0.097	0.075	0.325	0.006
上证指数第二阶段 (1999-2~2018-12)	牛:6	74.6%	20	0.053	0.162	0	0.021
	熊:6	−60.8%	20	0.062	0.033	0.124	−0.013
道指第一阶段 (1915-1~1953-8)	牛:8	79.1%	36	0.043	0.058	0.007	0.103
	熊:8	−60.0%	22	0.056	0.023	0.151	−0.022
道指第二阶段 (1953-8~1982-7)	牛:10	36.1%	22	0.029	0.013	0	0.070
	熊:10	−24.8%	13	0.034	0	0.024	0.005
道指第三阶段 (1982-7~2015-9)	牛:6	79.6%	54	0.031	0.012	0.006	0.183
	熊:6	−29.5%	12	0.041	0	0.082	0.020

注:$\bar{A}$ 与 $\bar{D}$ 分别表示各"牛熊"阶段的平均涨跌幅与平均持续月数;$\bar{V}$ 表示平均波动大小,它是各"牛熊"阶段波动大小的加权平均值,权重为各阶段的持续月数,即 $\bar{V}=\sum DV/\sum D$;B^+ 与 B^- 分别表示涨幅与跌幅超过 10% 的月数所占比例;平均超额指数 $\overline{EX}=(\bar{C}-0.5\bar{A}-0.5\bar{A}\bar{D})/\bar{D}$,其中 $\bar{C}$ 为各"牛熊"阶段的 C 的平均值。

　　道指在第一阶段的平均涨幅较大、平均跌幅也较大，并且"牛市"和"熊市"的平均持续时间都相对较长；在第二阶段的涨幅较小、跌幅也较小，持续时间都相对较短；然而，在第三阶段中，其平均涨幅远大于平均跌幅，并且"牛市"的持续时间也远大于"熊市"。三个阶段中，波动性最大的是第一阶段，最小的是第二阶段。第一阶段的超额指数牛正熊负，其波动形态偏向于急涨急跌，第二、第三阶段则转变为牛正熊正，在波谷附近指数变化较快，但在波峰附近指数变化较缓慢。总而言之，道指的运行特征大致表现为：第一阶段，涨跌相当，牛长熊短，大幅波动且急涨急跌；第二、第三阶段，涨多跌少，牛长熊短，小幅波动且慢涨慢跌。

　　下面再来对比我国股市与美国股市。首先，从涨跌幅度来看，"牛市"行情中，上证指数在第一阶段的平均涨幅远大于道指各阶段的平均涨幅，但第二阶段的平均涨幅与道指第一、第三阶段较为接近；"熊市"行情中，上证指数在前后两阶段的平均跌幅相差不大，且与道指第一阶段的平均跌幅较为接近，但远大于道指第二、第三阶段。然后，从持续时间来看，上证指数的周期长度普遍比道指要小；并且，不管任何阶段，上证指数的"牛市"持续时间都要短于道指。但在"熊市"行情中，上证指数第一阶段与道指第二、第三阶段类似，平均下跌时长为一年左右；而第二阶段的平均下跌时长与道指第一阶段较为接近。再者，从波动大小来看，上证指数第一阶段的波动较为异常，其波动大小与大幅波动占比都大于任何阶段的美股；而第二阶段的波动大小接近于道指第一阶段，只是在上涨过程中出现了更多次的暴涨现象。最后，从超额指数来看，上证指数在第二阶段表现为牛正熊负，这与道指第一阶段也较为类似。所以，经细致对比可以发现，上证指数第一阶段的运行特征较为特殊，表现为涨多跌少、牛长熊短且伴随着剧烈波动；而第二阶段的运行特征从涨跌幅度、波动大小以及波动形态来看，与道指第一阶段较为相似，表现为涨跌相当、大幅波动、急涨急跌。但不同的是"牛熊"时间分布，这一阶段的上证指数整体上牛短熊长，而道指则长期表现为牛长熊短。

2.3 与宏观经济基本面的关联性

在宏观经济的发展过程中，股票市场承载着融资筹资、合理调节资源配置、控制金融风险的重任。同时，股票市场的投资者也会密切关注相关经济数据的发布、经济调控政策的松紧等经济基本面的变化，从而及时调整投资决策以达到规避风险的目的。因此，股票市场的运行与宏观经济基本面之间应该存在着非常紧密的联系。这种关联性及其互相影响机理一直以来也是备受国内外学者关注的问题之一。众多经济学家认为，股票市场价格波动与一国的宏观经济运行状况之间的确存在着显著的相关关系，或者说它们之间存在着长期均衡关系。但也有另一种观点认为，在资本市场建立初期，由于相关法律法规等制度体系的不完善，股票市场的运行与宏观经济基本面之间可能并不存在显著的关联性。我国股市在过去的30多年里，经历了从初步建立到日趋成熟的不同发展阶段。下面本书将通过历史数据的对比以及一些相关性检验，对我国股价指数与宏观经济基本面之间在各阶段的关联性进行分析，从而判断我国股市在各阶段是否发挥了"经济晴雨表"的作用、是否严重偏离了其经济基本面。

从宏观经济基本面的角度，出于数据可得性与适用性的考虑，主要选取GDP、消费（C）、固定资产投资（I）、货币供应量（M2）以及工业增加值（IAV）的实际季度数据（按2015年价格计算）。股票市场中选取最具代表性的上证综合指数（SSEC）季度收盘价格指数。由于国家统计局没有公布1992年以前的GDP等季度经济数据，因此本书选取的样本期为1992年第1季度至2020年第2季度。为了消除季节因素及计量单位的影响，将所有变量都转化为定基指数（2015年第3季度为100），再经过季节调整后取自然对数[①]。

首先，从图2-6（a）中可以初步发现，在整个样本期间，GDP、消费（C）、投资（I）、M2以及工业增加值（IAV）都呈现出长期稳定增长态势，但SSEC小

[①] 目前还没有充分的研究证据表明股价指数受季节因素影响，故此处只针对宏观经济变量做季节调整。

幅增长且波动剧烈。这表明股票指数与宏观经济变量间相关性较弱，似乎没有起到"经济晴雨表"的作用。然后，对比它们的对数增长率序列，如图2-6（b）~图2-6（f）所示，最为明显的是ΔSSEC的波动性远大于其他宏观经济变量增长的波动性①。前者在 –50%~100% 之间围绕着0上下波动，而后者几乎稳定在

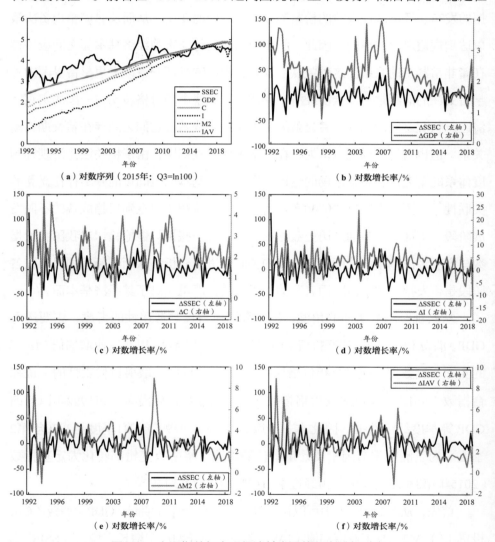

图2-6　上证指数与宏观经济基本面的历史运行对比

---

① 符号 Δ 表示 1 阶差分算子，例如 ΔSSEC$_t$ = SSEC$_t$ – SSEC$_{t-1}$。

1%~4% 之间。另外，通过仔细观察不难发现，1999年以前 ΔSSEC 与 ΔGDP 之间几乎没有相关性，但是自1999年以后两者之间在一定程度上呈现出关联性。ΔSSEC 与 ΔI、ΔIAV 之间也有类似的特征；但很难看出 ΔSSEC 与 ΔC、ΔM2 之间存在某种关联性。

为了进一步验证这一直观性结论，下面通过计算各变量间的相关系数及其显著性来判断股票价格指数与宏观经济变量之间在1999年前后两阶段的关联性，结果如表2-6所示。1999年以前，ΔSSEC 不仅与其自身的1阶滞后序列有显著的负相关性，而且与同期的 ΔC 呈负相关、与滞后1期的 ΔC 呈正相关性；但与其他变量及其滞后序列都不存在显著相关性。1999年以后，ΔSSEC 与 ΔGDP 的

表2-6　上证指数与宏观经济变量间的相关性检验

	第一阶段（1999 年以前）		第二阶段（1999 年以后）	
	$\Delta SSEC_t$	$\Delta SSEC_{t-1}$	$\Delta SSEC_t$	$\Delta SSEC_{t-1}$
$\Delta SSEC_t$	1	−0.493 (0.009)	1	0.143 (0.200)
$\Delta SSEC_{t-1}$	−0.493 (0.009)	1	0.143 (0.200)	1
ΔGDP_t	−0.126 (0.533)	0.045 (0.822)	0.260 (0.018)	0.177 (0.111)
ΔGDP_{t-1}	−0.139 (0.489)	0.013 (0.948)	0.196 (0.078)	0.254 (0.022)
ΔC_t	−0.349 (0.067)	0.133 (0.507)	0.116 (0.298)	0.028 (0.800)
ΔC_{t-1}	0.438 (0.022)	−0.350 (0.073)	0.145 (0.194)	0.114 (0.306)
ΔI_t	0.100 (0.618)	−0.274 (0.167)	0.111 (0.322)	−0.109 (0.330)
ΔI_{t-1}	0.107 (0.596)	0.164 (0.413)	0.009 (0.933)	0.108 (0.336)
$\Delta M2_t$	0.079 (0.696)	0.206 (0.303)	0.157 (0.158)	−0.013 (0.909)
$\Delta M2_{t-1}$	0.190 (0.343)	0.218 (0.274)	0.216 (0.052)	0.154 (0.167)
ΔIAV_t	0.034 (0.865)	0.029 (0.885)	0.209 (0.059)	0.198 (0.075)
ΔIAV_{t-1}	0.011 (0.957)	−0.105 (0.603)	−0.092 (0.411)	0.200 (0.071)

注：ΔSSEC、ΔGDP、ΔC、ΔI、ΔM2、ΔIAV 分别表示上证指数、GDP、消费、投资、M2、工业增加值的对数差分序列。第 2~3 列、第 4~5 列分别为第一阶段（样本初期至 1999 年第 1 季度）、第二阶段（1999 年第 2 季度至样本末期）的 Pearson 相关系数，圆括号中为相应相关系数的 p 值。

同期序列及其1期滞后序列都存在显著正相关性，同时 $\Delta SSEC_t$ 与 $\Delta M2_{t-1}$、ΔIAV_t 也存在一定的正相关性。值得注意的是，$\Delta SSEC_t$ 与 ΔIAV_{t-1} 之间不存在相关性，但 $\Delta SSEC_{t-1}$ 与 ΔIAV_t 在90% 的显著性水平下呈正相关。这表明，在我国股市建立初期，股价波动与其宏观经济基本面之间的关联性非常微弱，可能与之相关的因素仅有消费水平，并且同期的消费水平对股价有一定的抑制作用，而股价对滞后1期的消费水平有促进作用。但由于这一阶段样本量较小，可能会影响检验结果的可靠性，因此这一结论还有待进一步验证。随着我国股市的不断发展成熟，股价波动与其经济基本面之间的关联性逐渐增加。具体而言，股价指数对 GDP 和 M2 起到了一定的"晴雨表"作用，并且会受到 GDP 和工业增加值的正向影响。上述结论也与许多已有的实证研究结果相呼应，例如，刘少波等（2005）、郑挺国等（2014）、张红伟等（2017）、孟庆斌等（2020）。

2.4　我国股市的均值回复与可预测性

过去的许多经典文献表明：股票收益是不可预测的，并且股价遵循随机游走或鞅过程。例如 Granger 等（1963）、Fama（1965，1970）、Malkiel（1973）。然而，1980年以后的大量实证研究对这种传统观点提出了挑战，并得到了支持股价均值回复的有力证据，进而重新审视了股票收益的可预测性。其中包括极具影响力的 Fama 等（1988）的研究发现，美国股票价格存在均值回复现象，且收益序列存在显著的负自相关性。更为具体地讲，从美国股市过去的收益中可以预测出三至五年内股票收益变化的25% 至45%。同时，这一研究发现，即股票收益序列中包含大量可预测的成分，也得到了其他许多研究的证实，包括 Lo 等（1988，1989）、Poterba 等（1988）、Cochrane（1994）、Lee（1995）。均值回复的实质是股价中包含一个暂时性成分；股票的市场价值会在短期内偏离其内在基本价值，但最终将会恢复到其均衡值。那么，投资者采取"买入近期跌幅较大的股票，卖出近期涨幅较大的股票"这一投资策略是可行的。从而进一步表明了，股票收益在某种程度上具有可预测性。已有的对均值回复和股票价格可预测性的相关研究，往往依赖于两种检验方法：一种是多期收益率的自回归检验（例如，Fama et al.，1988）；另一种是方差比检验（例如，Cochrane et al.，1988；Poterba et al.，1988；Lo et al.，1989）。

多期收益率的自回归检验这一方法本质上是考察多期收益率 $r(t, t+T)$ 对 $r(t-T, t)$ 的回归系数 $\beta(T)$，即：

$$r(t, t+T) = \alpha(T) + \beta(T) r(t-T, t) + \varepsilon(t, t+T) \qquad (2\text{-}3)$$

式中，$\alpha(T)$ 为截距项，$\varepsilon(t, t+T)$ 为扰动项。T 期收益率 $r(t, t+T) = p_{t+T} - p_t$，这里的 p_t 表示月度对数价格指数。如果股票价格严格服从随机游走过程，即不存在偏离基本价值的暂时性成分，那么对所有的 T，该回归系数 $\beta(T)=0$；而暂时性成分的均值回复将会使得该回归系数在一定时期内显著为负。上证指数在第一阶段（1991年1月—1999年2月）、第二阶段（1999年2月—2018年12月）以及全样本期（1991年1月—2020年6月）的多期收益率自回归检验结果在表2-7中给出。

表2-7 上证指数多期收益率的自回归系数 $\beta(T)$

	期数 T（月）										
	1	6	12	18	24	36	48	60	72	96	120
第一阶段	−0.09 (0.10)	0.10 (0.11)	0.01 (0.08)	−0.30[***] (0.05)	−0.44[***] (0.03)	−0.06 (0.05)	—	—	—	—	—
第二阶段	0.11[*] (0.06)	0.18[***] (0.07)	−0.26[***] (0.07)	−0.42[***] 0.06	−0.42[***] (0.06)	−0.53[***] (0.06)	−0.67[***] (0.05)	−0.60[***] (0.05)	−0.73[***] (0.08)	−0.57[***] (0.06)	—
全样本期	−0.03 (0.05)	0.15[***] (0.05)	−0.10[**] (0.04)	−0.33[***] (0.04)	−0.37[***] (0.04)	−0.26[***] (0.05)	−0.41[***] (0.05)	−0.33[***] (0.05)	−0.16[***] (0.04)	0.19[***] (0.05)	−0.15[***] (0.06)

注：第一阶段从 1991 年 1 月底至 1999 年 2 月底，第二阶段从 1999 年 2 月底至 2018 年 12 月底，全样本期从 1991 年 1 月底至 2020 年 6 月底。圆括号中为标准差；*、** 以及 *** 分别表示在 10%、5% 以及 1% 的水平下显著。

第一阶段中由于数据长度限制，为保证回归结果的精确性，最长只检验了36期。表2-7中第一阶段的检验结果显示，18期和24期收益率的回归系数显著为负；小于18期或大于24期时，$\beta(T)$ 均不显著。这与 Fama 等（1988）的结论较为相似，回归系数呈现 U 形走势，表明股票价格指数中既存在随机游走成分，又存在缓慢衰减的暂时性成分。第二阶段最长检验了96期，其中1期和半年期的回归系数显著为正，从12期开始均显著为负。全样本期的回归系数估计结果也是从12期开始显著为负，四年期的系数绝对值达到最大，其估计值为 –0.41，之后随着 T 的增大，$\beta(T)$ 逐渐接近于0，甚至为正。总而言之，对于各阶段的上证指数而言，多期收益率的自回归系数在一定时期内都显著为负，这表明：上证指数中也包含了偏离基本价值的暂时性成分，并存在均值回复，从而导致收益率呈现负自相关性。

方差比检验的基本原理是，如果股票价格遵循随机游走过程，那么多期收益率的方差将会与期数成比例。通常的做法是，以一年期的收益方差为基准，计算下列方差比：

$$VR(T) = \frac{Var\left[r(t-T,t)\right]/T}{Var\left[r(t-12,t)\right]/12} \tag{2-4}$$

式中，$r(t-T, t) = p_t - p_{t-T}$，$p_t$ 为月度价格指数的对数值。若股票价格是随机游走的，多期收益率之间也就不存在相关性，那么由式（2-4）给出的这一方差比将会趋向于1。若股票价格的部分变化是由暂时性成分的均值回复引起的，那么多期收益率之间将会存在负相关性，从而导致方差比 $VR(T)$ 小于1。下面类似地将上证指数划分为不同阶段，并计算多期收益率相对于一年期收益率的方差比，结果如表2-8所示。第一阶段的方差比检验结果显示，只有6期收益率的方差比在10% 的水平下显著小于1，其他情形下均无法拒绝原假设 "$VR(T)=1$"。这与多期收益率自回归检验结果存在较大差异，可能是样本长度较短导致检验结果的可信度不高，也有可能是这一阶段上证指数中随机游走成分占主导，正如 Long 等（1999）所表明的那样。但第二阶段与全样本期的检验结果显示，几乎所有情形下的方差比都显著小于1，即股票价格的多期收益率之间存在显著的负相关性。这与多期收益率自回归检验结果基本保持一致，并进一步证实了我国股票价格中包含暂时性成分，并存在均值回复。

表2-8 上证指数多期收益率的方差比

	σ_{12}	期数 T（月）									
		1	6	18	24	36	48	60	72	96	120
第一阶段	0.67	10.04 (0.17)	0.82* (0.10)	0.97 (0.06)	10.03 (0.14)	0.57 (0.31)	—	—	—	—	—
第二阶段	0.14	0.53*** (0.07)	0.82*** (0.04)	0.93** (0.03)	0.80*** (0.06)	0.59*** (0.13)	0.57** (0.19)	0.54* (0.26)	0.22** (0.33)	0.15* (0.46)	—
全样本期	0.46	0.86*** (0.05)	0.86*** (0.03)	0.88*** (0.02)	0.77*** (0.04)	0.44*** (0.08)	0.37*** (0.13)	0.36*** (0.18)	0.34*** (0.22)	0.19*** (0.31)	0.20** (0.40)

注：σ_{12} 表示一年期收益的标准差。第一阶段从 1991 年 1 月底至 1999 年 2 月底，第二阶段从 1999 年 2 月底至 2018 年 12 月底，全样本期从 1991 年 1 月底至 2020 年 6 月底。圆括号中为方差比的蒙特卡罗模拟标准差（重复 10 000 次）。*、** 以及 *** 分别表示在 10%、5% 以及 1% 的水平下显著。

无论是多期收益率自回归检验，还是方差比检验，都表明我国股市收益存在一定的自相关性。另一方面，根据本章前两节中所得到的超额指数值，也表明了上证指数在大多数阶段都较大幅度地偏离随机游走过程。进一步，针对我国股市的这种收益自相关性与可预测性，目前一些常见的时间序列模型是否可以对上证指数的波动形态进行准确刻画？ 1阶差分平稳与分数阶差分平稳时间序列模型，哪种更适用于我国股票价格指数？下面基于超额指数对四种常用的模型做一个简单的模拟测试。第一种模型是对数价格的1阶单整自回归模型（简记为 IAR），如式（2-5）所示；第二种是考虑了条件异方差性的1阶单整自回归模型（简记为 IAR-GARCH），也就是式（2-6）；第三种是分数阶整合自回归模型（简记为 FIAR），如式（2-7）所示；第四种是在式（2-7）的基础上进一步考虑条件异方差性（简记为 FIAR-GARCH），由式（2-8）给出。

$$IAR(1): \Delta p_t = \mu + \rho \Delta p_{t-1} + \sigma \varepsilon_t, \varepsilon_t \sim N(0,1) \tag{2-5}$$

$$IAR(1) - GARCH(1,1): \begin{cases} \Delta p_t = \mu + \rho \Delta p_{t-1} + \sigma_t \varepsilon_t, & \varepsilon_t \sim N(0,1) \\ \sigma_t^2 = \nu + \alpha u_{t-1}^2 + \beta \sigma_{t-1}^2, & u_t = \sigma_t \varepsilon_t \end{cases} \tag{2-6}$$

$$FIAR(1): \Delta^d p_t = \mu + \rho \Delta^d p_{t-1} + \sigma \varepsilon_t, \varepsilon_t \sim N(0,1) \tag{2-7}$$

$$FIAR(1)-GARCH(1,1):\begin{cases} \Delta^d p_t = \mu + \rho \Delta^d p_{t-1} + \sigma_t \varepsilon_t, & \varepsilon_t \sim N(0,1) \\ \sigma_t^2 = v + \alpha u_{t-1}^2 + \beta \sigma_{t-1}^2, & u_t = \sigma_t \varepsilon_t \end{cases} \quad (2\text{-}8)$$

式中，μ、ρ、σ、v、α、β 均为常系数，ε_t 为扰动项。d 取值为分数，表示差分阶数。测试过程分为四步。第一步，利用上证指数第一、第二阶段的样本数据分别估计出四种模型的参数（见表2-9）。第二步，根据所估计的每一个模型，模拟10 000个与原样本等长的价格序列。第三步，基于10 000个模拟的价格序列，计算出各个序列在"牛熊"阶段的超额指数[①]，并取10 000个超额指数的平均值作为该模型最终模拟的超额指数。第四步，将原序列的超额指数与模拟的超额指数（见表2-10）进行比较，并据此判断四种模型对上证指数各阶段波动形态的模拟效果。

表2-9　模型参数估计值

		μ	ρ	σ^2	d	v	α	β	ML	AIC
第一阶段	式（2-5）	0.023 (0.025)	−0.093 (0.090)	0.037 (0.003)	—	—	—	—	22.51	−39.02
	式（2-6）	−0.007 (0.015)	−0.294 (0.140)	—	—	0.009 (0.004)	0.275 (0.058)	0.724 (0.021)	38.28	−66.56
	式（2-7）	0.038 (0.025)	−0.054 (0.090)	0.038 (0.003)	0.965 (0.014)	—	—	—	25.13	−42.26
	式（2-8）	0.006 (0.018)	−0.198 (0.118)	—	1.044 (0.025)	0.000 (0.000)	0.019 (0.007)	0.958 (0.018)	41.55	−71.09
第二阶段	式（2-5）	0.003 (0.005)	0.114 (0.059)	0.006 (0.001)	—	—	—	—	271.0	−536.0
	式（2-6）	−0.001 (0.004)	0.063 (0.074)	—	—	0.001 (0.000)	0.220 (0.068)	0.731 (0.073)	288.7	−567.3
	式（2-7）	−0.010 (0.007)	0.194 (0.042)	0.008 (0.000)	0.970 (0.016)	—	—	—	279.9	−551.8
	式（2-8）	−0.011 (0.004)	−0.078 (0.063)	—	1.091 (0.021)	0.001 (0.000)	0.254 (0.073)	0.682 (0.077)	295.0	−578.0

注：ML 为最大对数似然函数值，AIC 表示 Akaike 信息准则。第一阶段从 1991 年 1 月底至 1999 年 2 月底，第二阶段从 1999 年 2 月底至 2018 年 12 月底；圆括号中为标准差。

---

① "牛熊"阶段的划分与超额指数的计算方法，与表 2-5 保持一致。

表2-10　超额指数值对比

		真实值	式（2-5）	式（2-6）	式（2-7）	式（2-8）
第一阶段	牛	0.145	0.083 (0.211)	−0.040 (0.568)	−0.005 (0.206)	0.104 (0.003)
	熊	0.006	0.008 (0.123)	0.019 (0.575)	0.006 (0.124)	0.008 (0.002)
第二阶段	牛	0.021	0.008 (0.065)	−0.003 (0.071)	0.065 (0.096)	0.052 (0.074)
	熊	−0.013	0.016 (0.104)	−0.007 (0.116)	−0.027 (0.166)	−0.019 (0.129)

注：真实值是根据原数据计算得出的超额指数值；后四列是从模拟数据中计算得出的模拟超额指数值。第一阶段从1991年1月底至1999年2月底，第二阶段从1999年2月底至2018年12月底；圆括号中为标准差。

首先，从四种模型的估计结果来看，表2-9显示，无论是模拟第一阶段还是第二阶段的样本数据，式（2-5）与式（2-6）相比，前者的最大似然函数值要小于后者，同时前者的AIC值大于后者，这意味着考虑了条件异方差性的IAR-GARCH模型比IAR模型的拟合效果更好，表明我国股票市场的波动可能存在一定的条件异方差性。对比式（2-7）与式（2-8）的估计结果，也能得到同样的结论。另一方面，对比式（2-5）与式（2-7），或者是式（2-6）与式（2-8）的估计结果，前者的最大似然函数值都小于后者，同时前者的AIC值都大于后者，这表明经过分数阶差分后建立自回归模型（即FIAR或FIAR-GARCH）比1阶差分自回归模型（即IAR或IAR-GRACH）模拟效果要好。据此可以大致判断出我国股票价格指数不仅存在条件异方差性，而且存在一定程度的长记忆性。

然后，从表2-10中四种模型所模拟的超额指数值来看，对于第一阶段的样本，"牛市"中式（2-6）与式（2-7）模拟的超额指数都为负，与真实值0.145差距较大且符号相反；式（2-5）与式（2-8）的模拟值虽然都为正，但相对来讲，后者（0.104）更接近于真实值0.145。"熊市"中，除了式（2-6），其他三种模型的模拟值都比较接近真实值，其中式（2-7）的模拟值误差最小、式（2-8）的模拟值标准差最小。对于第二阶段的样本，"牛市"中式（2-6）的模拟结果与真实值的符号相反，其他三者的符号与真实值保持一致，但从标准差以及误差大小来看，式（2-5）的模拟效果较好。"熊市"中，式（2-5）的模拟值与真实值符号相反，其他三者中式（2-8）的模拟值 −0.019 与真实值 −0.013 最为接近。由此看来，整体上 FIAR-GARCH 模型模拟的超额指数值与真实值最为接近，其他三者都存在模拟值与真实值反号的情形。所以，相对而言，考虑了分数阶差分与条件异方差性的时间序列模型能更为准确地刻画我国股市的波动形态。

2.5　本章小结

本章主要从三个方面探究了我国股市的基本运行特征。首先，通过细致划分我国股市的各个"牛熊"阶段，并根据五个度量指标——上涨或下跌的幅度、持续月数、波动大小、大幅波动占比、波动形态，从各个角度分析各"牛熊"周期的特征，再对比以美国股市为代表的成熟市场的"牛熊"周期特征，由此总结出我国股市的典型特征为：我国股市在第一阶段（1991年1月—1999年2月）表现为涨多跌少、牛长熊短且伴随着剧烈波动；而第二阶段（1999年2月—2020年6月）的运行特征从涨跌幅度、波动大小以及波动形态来看，与1915年1月—1953年8月的美国股市运行特征较为相似，表现为涨跌相当、大幅波动、急涨急跌。但不同的是"牛熊"时间分布，我国股市在第二阶段整体上表现为牛短熊长，而美国股市则长期表现为牛长熊短。

然后，通过历史数据的对比以及一些相关性检验，对我国股价指数与宏观经济基本面之间在各阶段的关联性进行分析，从而判断我国股价指数在各阶段是否发挥了"经济晴雨表"的作用、是否严重偏离了其经济基本面。结果发现，在我国股市建立初期（第一阶段），上证指数与宏观经济变量之间的关联性非常微弱，可能与之相关的因素仅有消费水平，并且同期的消费水平与上证指数之间呈负相关，而滞后1期的消费水平与上证指数之间呈负相关。随着我国股市的不断发展成熟，上证指数与宏观经济变量之间的关联性有所增强，但仍然较弱。具体而言，在1999年之后（第二阶段），上证指数对 GDP 和 M2 起到了微弱的"晴雨表"作用，并且会受到 GDP 和工业增加值的正向影响。

最后，检验我国股市是否具有均值回复现象、长记忆性及可预测性，从而进一步判断我国股市是否存在暂时性成分（周期成分）与持续性成分（趋势成分）。这也是进一步研究我国股市的长期趋势与周期波动的重要前提。无论是多期收益自回归检验还是方差比检验，都表明我国股市收益存在均值回复现象。对比4种不同类型计量模型（IAR、FIAR、IAR-GARCH、FIAR-GARCH）的模拟效果，判断出我国股价指数存在一定程度的长记忆性和条件异方差性。由此说明，我国股价指数中也包含了持续性成分和偏离基本价值的暂时性成分，且具有一定程度的可预测性。

第3章　趋势与周期分解方法

现代计量经济学认为，非平稳的时间序列通常可以分解为趋势成分和周期成分[①]；其中，趋势成分又由确定性趋势与随机性趋势组成，剔除趋势成分之后的周期成分是一个平稳过程。确定性趋势是关于时间的一个确定性函数；随机性趋势是由随机扰动项累积而成。目前，在国内外相关研究中，针对 $I(1)$ 过程的趋势周期分解已取得了丰富的研究成果。然而，$I(1)$ 过程只是非平稳序列中的一种特例，在现实生活中，存在着大量的非平稳时间序列并不能用 $I(1)$ 过程进行准确刻画，例如股票价格（指数）、房价等。正如本书第2章所总结的典型特征和已有的大量实证研究（例如 Lo，1991；Ding et al.，1993；李云红等，2015；田存志等，2016）表明，它们是分数阶差分平稳的长记忆过程，也就是所谓的 $I(d)$ 过程，其中 d 为分数且 $d > 0.5$。针对此类更为一般化的非平稳序列，该如何对其进行趋势周期分解，还值得进一步研究。因此，本章首先对常用的适用于 $I(1)$ 过程的趋势周期分解方法进行总结，并基于此进一步对几种经典方法进行拓展，提出适用于 $I(d)$ 序列的单变量或多变量趋势周期分解方法。

3.1　经典的趋势与周期分解方法

从方法论的角度来看，已有的适用于 $I(1)$ 过程的趋势周期分解方法大致可以分为两大类：一类是针对单变量的分解方法；另一类是针对多变量的分解方法。下面将分别对这两类方法中常用的几种经典分解方法进行介绍。

---

① 在一些文献中，趋势成分和周期成分也被称为永久性成分和暂时性成分。

3.1.1　单变量趋势周期分解

针对单变量的趋势周期分解方法又可以从两个方面进行考虑。一方面，可以从概率统计理论的角度出发，以建立时间序列模型并估计参数为基础进行分解，也可以称之为时域分解方法，主要包括 BN 分解方法、UC 模型分解方法以及考虑了结构性变化的 PW 分解方法。另一方面，也可以从频域分析的角度或者从研究者的经验总结出发进行研究，主要包括几类常用的滤波方法（HP 滤波，BK 滤波，CF 滤波等），以及 EMD、EEMD、移动平均法等。本书主要考虑对股票市场时间序列进行建模，并基于时间序列模型对其进行趋势周期分解。因此，下面主要介绍基于时域的三种经典方法，也就是 BN 分解法、UC 模型分解法以及 PW 分解法。

3.1.1.1　BN 分解法

BN 分解是 Beveridge 等（1981）针对1阶差分平稳序列而提出的趋势周期分解方法。这种序列在持续向上漂移的过程中会表现出某种"趋势"，这种"趋势"通常是显著自相关的，并且具有正均值。而且，它们通常是由具有随机特性的新息变化累积而成，并不能简单地表示成时间的多项式。BN 分解的核心思想在于，它考虑了变量的当期值与其未来的预测值之间的关系。

假设 y_t 是一个待分解的 $I(1)$ 序列，记 $u_t = \Delta y_t = y_t - y_{t-1}$，那么 u_t 就是一个平稳序列。由 Wold（1938）表示定理可知，u_t 可以写成 $MA(\infty)$ 的形式，即：

$$u_t = \mu + \varepsilon_t + \sum_{j=1}^{\infty} \psi_j \varepsilon_{t-j} \qquad (3\text{-}1)$$

式中，$\sum_{j=1}^{\infty} \psi_j \neq -1$，$\sum_{j=1}^{\infty} \psi_j^2 < \infty$，$\varepsilon_t$ 是均值0、方差为常数 σ_ε^2 的白噪声过程。根据式（3-1），u_{t+h} 在 t 时刻的预测值 $\hat{u}_t(h)$ 可以表示为：

$$\hat{u}_t(h) = \mu + \psi_h \varepsilon_t + \psi_{h+1} \varepsilon_{t-1} + \psi_{h+2} \varepsilon_{t-2} + \cdots \qquad (3\text{-}2)$$

另一方面，y_{t+k} 在 t 时刻的预测值 $\hat{y}_t(k)$ 可以表示为：

$$\hat{y}_t(k) = y_t + \hat{u}_t(1) + \cdots + \hat{u}_t(k) \qquad (3\text{-}3)$$

将式（3-2）代入式（3-3），并进行整理可得：

$$\hat{y}_t(k) = k\mu + y_t + \left(\sum\nolimits_{j=1}^{k}\psi_j\right)\varepsilon_t + \left(\sum\nolimits_{j=2}^{k+1}\psi_j\right)\varepsilon_{t-1} + \cdots \qquad (3\text{-}4)$$

由于 $\sum\psi_j$ 是收敛的，当预测步长 k 充分大时，式（3-4）表明：预测值 $\hat{y}_t(k)$ 将渐进趋向于一个关于步长 k 的线性函数，也就是：

$$\hat{y}_t(k) \approx k\mu + y_t + \left(\sum\nolimits_{j=1}^{\infty}\psi_j\right)\varepsilon_t + \left(\sum\nolimits_{j=2}^{\infty}\psi_j\right)\varepsilon_{t-1} + \cdots \qquad (3\text{-}5)$$

该线性函数的斜率为 μ，截距项是一个由当期值和随机扰动项累积而成的随机过程。BN 分解将这一截距项定义为的趋势成分，记为 τ_t。换言之，

$$\tau_t = y_t + \sum\nolimits_{i=0}^{\infty}\sum\nolimits_{j=i+1}^{\infty}\psi_j\varepsilon_{t-i} \qquad (3\text{-}6)$$

自然而然地，将剩余的部分定义为周期成分，记为 c_t。那么，

$$c_t = y_t - \tau_t = -\sum\nolimits_{i=0}^{\infty}\sum\nolimits_{j=i+1}^{\infty}\psi_j\varepsilon_{t-i} \qquad (3\text{-}7)$$

更进一步，因为 $u_t = y_t - y_{t-1}$，将式（3-1）从 u_1 到 u_t 进行累加，不难得到：

$$y_t = y_0 + \mu t + \left(1+\sum_{j=1}^{\infty}\psi_j\right)\sum_{i=1}^{t}\varepsilon_i - \sum_{i=0}^{\infty}\sum_{j=i+1}^{\infty}\psi_j\varepsilon_{t-i} \qquad (3\text{-}8)$$

由此，趋势成分可以进一步分解为：

$$\tau_t = y_0 + \mu t + \left(1+\sum_{j=1}^{\infty}\psi_j\right)\sum_{i=1}^{t}\varepsilon_i \qquad (3\text{-}9)$$

式中，$y_0+\mu t$ 就是确定性趋势，记为 τ_t^d，它是关于时间 t 的线性函数；$\left(1+\sum_{j=1}^{\infty}\psi_j\right)\sum_{i=1}^{t}\varepsilon_i$ 则为随机性趋势，记为 τ_t^s，它是由随机扰动项累积而成。

在实际应用中，一般是没有办法直接建立 u_t 的 MA(∞) 形式，通常会先建立 ARMA(p,q) 模型，然后再转化为式（3-1）。另外，BN 分解涉及无穷项求和，该方法的提出者 Beveridge 等（1981）建议取一个适当的值对其进行截断。后续的许多研究认为这种做法并不合适，并且针对这一局限性提出了一些更为精确的算法，其中主要包括 Newbold（1990）、Morley（2002）等。

3.1.1.2 UC 模型分解法

在 BN 分解过程中，首先需要根据观测数据建立一个有效的 ARIMA 模型，模型滞后阶数的选择在其中起着至关重要的作用。如果选择的滞后阶数不

合适，将会直接影响后续的分析、分解以及预测结果的准确性。作为一种更为直观的替代方案，UC 模型分解方法首先在原始的模型结构中明确地指出趋势成分和周期成分的形式，然后转化为状态空间模型，最后利用卡尔曼滤波方法估计出模型参数并得到趋势成分与周期成分的估计量，从而完成对原序列的趋势周期分解。

在 UC 模型中，通常认为待分解的非平稳序列 y_t 的趋势成分 τ_t 也具有随机性，一般假设为如下的随机线性趋势（也称为局部线性趋势）：

$$\tau_t = \tau_{t-1} + \beta_{t-1} + \eta_t \tag{3-10}$$

$$\beta_t = \beta_{t-1} + \zeta_t \tag{3-11}$$

式中，η_t 和 ζ_t 是均值都为0、方差分别为常数 σ_η^2 和 σ_ζ^2 且互不相关的白噪声。若 $\sigma_\zeta^2 = 0$，则趋势成分为随机游走过程。周期成分 c_t 是一个平稳过程，通常用 $ARMA(p, q)$ 模型对其进行建模，即：

$$\phi(L) c_t = \psi(L) \omega_t \tag{3-12}$$

式中，L 表示滞后算子；$\phi(L) = 1 - \phi_1 L - \cdots - \phi_p L^p$，$\psi(L) = 1 + \psi_1 L + \cdots + \phi_q L^q$；同时，为了保证平稳性，假设 $\phi(L)$ 和 $\psi(L)$ 的所有根都在单位圆外。ω_t 是均值为0、方差为常数 σ_ω^2 的白噪声；通常情况下，假设 ω_t、η_t 和 ζ_t 之间两两互不相关，但在某些特定环境下，也可假设 ω_t 与 η_t 之间存在一定的相关性。结合式（3-10）~ 式（3-12）以及 $y_t = \tau_t + c_t$，就构成了一个经典的 UC 模型。

下一步，为了利用卡尔曼滤波方法对 UC 模型进行估计并完成趋势周期分解，首先需要将其转化状态空间模型形式。以周期成分服从 AR 过程且趋势与周期的随机扰动项互不相关的情形为例，则上述 UC 模型可转化为：

$$y_t = \boldsymbol{H} x_t \tag{3-13}$$

$$x_t = \boldsymbol{F} x_{t-1} + \boldsymbol{G} \varepsilon_t \tag{3-14}$$

式中，方程（3-13）被称为观测方程，方程（3-14）被称为状态方程；$x_t = (\tau_t, \beta_t, c_t)'$ 被称为状态变量，随机扰动项 $\varepsilon_t = (\eta_t, \zeta_t, \omega_t)'$；观测方程和状态方程中的系数矩阵分别为：

$$H = (1, 0, 1) \tag{3-15}$$

$$F = \begin{pmatrix} 1 & 1 & 0 \\ 0 & 1 & 0 \\ 0 & 0 & \phi_1 \end{pmatrix}, \quad G = \begin{pmatrix} 1 & 0 & 0 \\ 0 & 1 & 0 \\ 0 & 0 & 1 \end{pmatrix} \tag{3-16}$$

随机扰动项的协方差矩阵为：

$$\Sigma = \begin{pmatrix} \sigma_\eta^2 & 0 & 0 \\ 0 & \sigma_\zeta^2 & 0 \\ 0 & 0 & \sigma_\omega^2 \end{pmatrix} \tag{3-17}$$

值得注意的是，对于上面介绍的两种经典分解方法，已有大量的相关实证研究表明，对于同一经济变量，它们的趋势周期分解结果往往会存在较大的差异，尤其是，BN 分解得到的趋势成分通常比 UC 模型分解的趋势成分要大得多，而且前者认为原序列的变化主要是其趋势成分的变化所引起的，后者则认为周期成分的变化起主导作用。Morley 等（2003）指出，导致这一差异的主要原因在于，UC 模型中一般假设趋势与周期的随机扰动项是互不相关，而在 BN 分解中它们则存在显著的相关性。如果在 UC 模型中放松两者的随机扰动项之间互不相关这一约束，并且将它们之间的相关系数视为待估计的自由参数，那么，BN 分解与 UC 模型分解的结果是一致的，同时能发现趋势与周期的随机扰动项之间存在显著的负相关性

Perron 等（2009）又进一步对此提出了新的质疑：其一，BN 分解得到的周期成分为什么对原序列的变化几乎没有解释能力？其二，经典方法得到的周期成分与美国国家经济研究局年表数据几乎完全不符？其三，为什么趋势与周期之间呈显著负相关关系？对于此，他们认为出现这些异常结论的主要原因在于，没有考虑趋势成分中潜在的结构性变化。于是，他们对 UC 模型分解提出改进，提出了下面的 PW 分解方法。

3.1.1.3 PW 分解法

PW 趋势周期分解方法是一种能够自动识别趋势或周期成分中的结构性变

化及其变化时间点的广义 UC 模型分解。在方程（3-11）中，若扰动项 ζ_t 的方差 σ_ζ^2 显著为正且取值较大，则意味着趋势成分的斜率 β_t 在每个时刻都可能发生显著变化且波动性较大，这对于常见的经济时间序列（例如 GDP）来说并不太可能。所以，通常情况下，σ_ζ^2 几乎接近0，也就是说 β_t 在大多数时期是非常稳定的。在少数重大制度改革时期或经济受到某种重大外生性冲击时，β_t 可能会出现异常波动。PW 分解的关键就是要识别出这种发生异常变化的不稳定时期。具体而言，若假设周期成分是一个平稳的 AR（1）过程，则 PW 分解有如下的由式（3-18）~ 式（3-23）组成的 UC 模型形式：

$$
\begin{aligned}
y_t &= \tau_t + c_t \\
\tau_t &= \tau_{t-1} + \beta_{t-1} + \eta_t \\
\beta_t &= \beta_{t-1} + \zeta_t \\
c_t &= \phi_1 c_{t-1} + \omega_t
\end{aligned}
\tag{3-18}
$$

式中，随机扰动项 ζ_t 和 ω_t 都不再是正态的，而是两个相互独立的正态随机变量的线性组合，即：

$$
\zeta_t = \lambda_t \zeta_{1t} + (1 - \lambda_t) \zeta_{2t} \tag{3-19}
$$

$$
\omega_t = \delta_t \omega_{1t} + (1 - \delta_t) \omega_{2t} \tag{3-20}
$$

式（3-19）中的 ζ_{1t} 和 ζ_{2t} 服从均值为0、方差分别为常数 $\sigma_{\zeta_1}^2$ 和 $\sigma_{\zeta_2}^2$ 的正态分布；λ_t 是参数为 α_λ 的伯努利随机变量。式（3-20）中的 ω_{1t} 和 ω_{2t} 服从均值为0、方差分别为常数 $\sigma_{\omega_1}^2$ 和 $\sigma_{\omega_2}^2$ 的正态分布；δ_t 是参数为 α_δ 的伯努利随机变量。结合 PW 分解的识别目的，需要对以上参数施加如下约束：（1）$\sigma_{\zeta_1}^2 < \sigma_{\zeta_2}^2$ 且 $\sigma_{\zeta_1}^2 < 0.0001$，（2）$\alpha_\lambda > 0.9$，（3）$\sigma_{\omega_1}^2 < \sigma_{\omega_2}^2$；约束（1）和约束（2）将出现概率很高的状态的方差设置得很小，其目的是使趋势成分在大多数时期保持稳定，偶尔发生的结构性变化是低概率事件。方程（3-20）以及约束（3）的设定是为了刻画经济扩张与经济衰退时期，周期成分的方差可能存在较大的差异。

　　同样地，在利用卡尔曼滤波方法估计模型参数并得到趋势与周期的估计量之前，需要将其转换为广义的状态空间模型形式。模型结构上，与上述式

（3-13）~式（3-16）给出的形式保持一致，唯一的区别在于随机扰动项 ε_t 的协方差矩阵存在多种可能：

$$\begin{pmatrix} \sigma_\eta^2 & 0 & 0 \\ 0 & \sigma_{\zeta_1}^2 & 0 \\ 0 & 0 & \sigma_{\omega_1}^2 \end{pmatrix}, \begin{pmatrix} \sigma_\eta^2 & 0 & 0 \\ 0 & \sigma_{\zeta_1}^2 & 0 \\ 0 & 0 & \sigma_{\omega_2}^2 \end{pmatrix}, \begin{pmatrix} \sigma_\eta^2 & 0 & 0 \\ 0 & \sigma_{\zeta_2}^2 & 0 \\ 0 & 0 & \sigma_{\omega_1}^2 \end{pmatrix}, \begin{pmatrix} \sigma_\eta^2 & 0 & 0 \\ 0 & \sigma_{\zeta_2}^2 & 0 \\ 0 & 0 & \sigma_{\omega_2}^2 \end{pmatrix}$$

它们所对应的概率分别为：$\alpha_\lambda \alpha_\delta$，$\alpha_\lambda (1-\alpha_\delta)$，$(1-\alpha_\lambda) \alpha_\delta$，$(1-\alpha_\lambda)(1-\alpha_\delta)$。

　　基于上述模型，Perron 等（2009）通过对美国1947年至1998年的实际 GDP 数据进行实证研究发现，一旦考虑了结构性变化的存在，首先，BN 分解与 UC 模型分解的结果将保持一致；其次，周期成分的变化对原序列的变化具有了更强的解释力，而且与美国国家经济研究局年表数据显得更加吻合；最后，分解得到的趋势成分，除了在结构性变化点附近表现出随机性，在其他时期都是非随机的，从而进一步表明了趋势成分与周期成分之间并不存在相关性。

3.1.2　多变量趋势周期分解

　　自从19世纪上半叶学者们提出经济周期这一概念以来，大量的研究聚焦于经济总量指标（GDP）的波动分析，但不可忽视的一点是，有许多宏观经济变量也像 GDP 一样表现出周期性波动，并且这些序列的波动是相互关联的。基于此，很多经济学家对经济周期这一概念提出了新的见解。他们认为当某种冲击作用于某个经济变量，这种冲击效应会在相互关联的变量之间互相传导，从而会影响其他变量的运行趋势，甚至会导致它们之间呈现出共同趋势。单变量的趋势周期分解没有考虑变量间的这种冲击传导作用；如果要从冲击传导机制出发考虑变量的趋势周期分解，那么就必须从多变量模型入手。在这种冲击传导机制下，趋势与周期的形成都来源于冲击；永久性冲击会给变量带来长期影响，并通过传导、累积形成变量的共同趋势成分；暂时性冲击会影响变量的短期波动，从而形成了变量的周期成分。因此，基于多变量模型的趋势周期分解的核心思想便是，如何将相互正交的永久性冲击与暂时性冲击区分开来。

最早出现的考虑了变量间相互影响的多变量模型是联立方程组模型，后来，为了实现从静态分析到动态分析的转变，VAR 模型继承并替代了联立方程组模型。但是，VAR 模型中的系数一般没有特定的经济含义，也没有考虑变量间的同期关系；在研究一个经济问题时，通常需要将特定的经济含义作为约束条件添加到模型中，由此出现了 SVAR 模型。基于 VAR 或 SVAR 模型，通过持久性分析可以将永久性冲击和暂时性冲击进行分离（例如 Blanchard et al.，1989）。但是，对多变量系统中 $I(1)$ 的变量进行一阶差分之后，再建立 VAR 或 SVAR 模型，这只能反映出变量间的短期关系，不能反映其长期关系。而且，对多变量系统中的单个分量进行差分所得到的平稳性结果可能是差分过度的。协整理论和基于协整理论的 VECM 彻底克服了这些困难[①]，并在多变量时间序列的建模、预测以及趋势周期分解中起着至关重要的作用。目前，基于协整理论与 VECM，对多变量协整系统进行趋势周期分解的经典方法主要有两种：一种是 King 等（1991）提出的 KPSW 分解方法；另一种是 Gonzalo 等（1995）、Gonzalo 等（2001）提出 GG 分解方法。

3.1.2.1　KPSW 分解法

在 KPSW 分解方法被正式提出之前，Stock 等（1988）曾试图将 BN 分解方法推广到多变量情形，也就是，对于 n 个 $I(1)$ 序列构成的向量 Y_t 而言，若变量之间存在 r 个协整关系（亦称为协整秩，$0 < r < n$），则可以建立如下的 VECM：

$$\Delta Y_t = \mu + \alpha \beta' Y_{t-1} + \sum_{i=1}^{p} \Gamma_i \Delta Y_{t-i} + \varepsilon_t \tag{3-21}$$

式中，β 为 $n \times r$ 维协整矩阵，β 的列被称为协整向量；α 为 $n \times r$ 维调整矩阵，它刻画了变量调整到长期均衡状态的速度；扰动项 ε_t 是均值为0，协方差矩阵为 Σ_ε 的独立同分布的 n 维随机向量。由协整矩阵和调整矩阵共同决定的误差

---

① 关于协整、协整检验以及 VECM 的更多讨论，可参考 Granger（1981），Engle 等（1987），Stock 等（1988）以及 Johansen（1988）等。

修正项描述了变量间的长期关系，而由 $n \times n$ 维系数矩阵 $\boldsymbol{\Gamma}_1, \boldsymbol{\Gamma}_2, \cdots, \boldsymbol{\Gamma}_p$ 所决定的自回归项则刻画了变量间的短期动态。然后，再根据 Wold（1938）表示定理，可以将式（3-21）转化为 VMA(∞) 模型：

$$\Delta \boldsymbol{Y}_t = v + \boldsymbol{\psi}(L)\varepsilon_t \qquad (3\text{-}22)$$

式中，$\boldsymbol{\psi}(L) = \boldsymbol{I} + \boldsymbol{\psi}_1 L + \boldsymbol{\psi}_2 L^2 + \cdots$，$L$ 表示滞后算子，$\boldsymbol{\psi}_i$ 为 $n \times n$ 维滞后项系数矩阵，$\boldsymbol{I}$ 为单位矩阵；根据 Johansen（1995）可知 $v = \boldsymbol{\psi}(L)\mu$。进而，可以得到 BN 分解的多变量版本：

$$\boldsymbol{Y}_t = \boldsymbol{Y}_0 + \mu t + \boldsymbol{\psi}(1)\sum_{i=1}^{t}\varepsilon_i - \sum_{i=0}^{\infty}\sum_{j=i+1}^{\infty}\boldsymbol{\psi}_j \varepsilon_{t-i} \qquad (3\text{-}23)$$

由此得到的趋势成分为 $\tau_t = \boldsymbol{Y}_0 + \mu t + \boldsymbol{\psi}(1)\sum_{i=1}^{t}\varepsilon_i$，周期成分为 $c_t = -\sum_{i=0}^{\infty}\sum_{j=i+1}^{\infty}\boldsymbol{\psi}_j \varepsilon_{t-i}$。其中，$\boldsymbol{\psi}(1) = \boldsymbol{I} + \sum_{i=1}^{\infty}\boldsymbol{\psi}_i$，其秩为 $n-r$，且满足 $\boldsymbol{\beta}'\boldsymbol{\psi}(1) = 0$；根据 BN 分解，$\boldsymbol{\psi}(1)$ 中第 i 行第 j 列的元素反映了第 j 个冲击对该系统中第 i 个变量在无穷远期的水平值的影响，因此，$\boldsymbol{\psi}(1)$ 通常被称为长期乘子。

事实上，上述分解过程并不完整，因为没有考虑不同的冲击之间的相互作用，也没有考虑趋势成分与周期成分之间的相互影响。为了分析各个冲击对各变量的影响并对 $\boldsymbol{Y}_t$ 进行结构分解，King 等（1991）考虑对式（3-22）施加结构约束，从而分离出相互正交的永久性冲击和暂时性冲击，并得到互不相关的趋势与周期成分。假设施加约束后的式（3-25）有如下的结构化形式：

$$\Delta \boldsymbol{Y}_t = v + \boldsymbol{\Lambda}(L)\eta_t \qquad (3\text{-}24)$$

那么，式（3-22）和式（3-24）之间的联系在于：存在可逆矩阵 $\boldsymbol{B}$，使得 $\boldsymbol{\Lambda}(L) = \boldsymbol{\psi}(L)\boldsymbol{B}$ 且 $\eta_t = \boldsymbol{B}^{-1}\varepsilon_t$。

接下来的任务就是对结构约束进行识别。识别条件包括两点：第一，各个结构化的冲击之间相互正交；第二，η_t 的前 r 个冲击为暂时性冲击（记为 η_t^c），对 $\boldsymbol{Y}_t$ 没有长期影响，而剩余的 $n-r$ 个冲击则为永久性冲击（记为 η_t^τ），会在该协整系统中形成 $n-r$ 个共同趋势。根据识别条件中的第一点，可以得到 η_t 的

协方差矩阵 Σ_η 为单位矩阵，从而有 $BB' = \Sigma_\varepsilon$。根据识别条件中的第二点以及式（3-22）与式（3-24）之间的联系，结构化形式中的长期乘子 $\Lambda(1)$ 需满足 $\Lambda(1) = \psi(1)B$，$B'\Lambda(1) = 0$，并且可表示成 $\Lambda(1) = [\boldsymbol{0}_{n \times r} \quad A_{n \times (n-r)}\Pi_{(n-r) \times (n-r)}]$。矩阵 A 中不含未知参数，它只要满足 $B'A = 0$ 即可。矩阵 Π 为下三角矩阵，因为 $\psi(1)$ $\Sigma_\varepsilon \psi(1)' = A\Pi \Pi'A'$，所以矩阵 Π 可以通过对 $(A'A)^{-1}A'\psi(1)\Sigma_\varepsilon\psi(1)'A(A'A)^{-1}$ 进行 Cholesky 分解唯一确定。识别出矩阵 Π 后，有 $\psi(1)\varepsilon_t = \Lambda(1)\eta_t = A\Pi\eta_t^\tau$，由此可以得到 $\eta_t^\tau = \Pi^{-1}(A'A)^{-1}A'\psi(1)\varepsilon_t$。此时就完成了相互正交的永久性冲击的分离，并且它们与暂时性冲击之间互不相关。进一步，则可以根据 BN 分解的多变量版本分解出共同趋势成分，即 $\tau_t = Y_0 + \mu t + \Lambda(1)\sum_{i=1}^{t}\eta_i^\tau$；剩余的部分则为周期成分，即 $c_t = Y_t - \tau_t$。

从上面的 KPSW 分解过程来看，主要思路是，首先根据观测数据估计出 VECM，再将 VECM 转化为 VMA(∞) 形式，也就是式（3-22）的简约形式；然后，对简约形式施加约束得到结构化形式（3-24）；最后，根据多变量的 BN 分解得到共同趋势以及周期成分。从简约形式到结构化形式，先根据协整向量得到矩阵 A，一旦确定了矩阵 A，就可以得到唯一的 Π；根据矩阵 A、Π，就可以得到结构化的永久性冲击。由此可见，其中唯一的约束就是来自协整约束。

3.1.2.2　GG 分解法

自从 Stock 等（1988）基于协整理论提出共同趋势这一概念以来，大家普遍认为，如果对于一个 n 维的 $I(1)$ 向量 Y_t 而言，其变量之间若存在着协整关系，那么一定存在一个维数小于 n 的共同因子 f_t，使得 Y_t 能够表示成该共同因子与一个平稳的 $I(0)$ 向量的线性组合。Gonzalo 等（1995）的主要工作就是识别这一共同因子，并且该共同因子能够反映出整个系统的长期动态，而剩余的平稳部分对所有变量只有短期影响，从而达到对协整系统进行趋势周期分解的目的。首先，为简单起见，假设 Y_t 中没有确定性趋势成分，并且 Y_t 的变量之间存在 r 个协整关系，则 Y_t 有如下的共同因子模型形式：

$$Y_t = A_1 f_t + C_t \qquad (3\text{-}25)$$

式中，A_1 为 $n \times (n-r)$ 维系数矩阵，f_t 为 $n-r$ 维 $I(1)$ 向量。

共同因子 f_t 的第一个识别条件是，它能够表示成观测变量 Y_t 的线性组合。第二个识别条件是，式（3-25）等号右边的第一部分是 Y_t 的长期成分，对 Y_t 有永久性的影响，而第二部分是 Y_t 的短期成分，对 Y_t 只有暂时性的影响。如果对 $\Delta A_1 f_t$ 和 C_t 建立 VAR 模型：

$$\begin{pmatrix} H_{11}(L) & H_{12}(L) \\ H_{21}(L) & H_{22}(L) \end{pmatrix} \begin{pmatrix} \Delta A_1 f_t \\ C_t \end{pmatrix} = \begin{pmatrix} \varepsilon_{1t} \\ \varepsilon_{2t} \end{pmatrix}$$

式中，ε_{1t} 和 ε_{2t} 互不相关。那么，上述约束等价于以下两个条件：

$$\lim_{h \to \infty} \partial E_t (Y_{t+h}) / \partial \varepsilon_{1t} \neq 0, \ \lim_{h \to \infty} \partial E_t (Y_{t+h}) / \partial \varepsilon_{2t} = 0 \qquad (3\text{-}26)$$

式中，E_t 表示已知截止到时刻 t 的历史信息条件下的期望。

进一步，对 Y_t 建立 VECM，即：

$$\Delta Y_t = \alpha \beta' Y_{t-1} + \sum_{i=1}^{p-1} \tilde{A}_i \Delta Y_{t-i} + \varepsilon_t \qquad (3\text{-}27)$$

那么，GG 分解表明根据上述两个条件能够对 f_t 进行唯一识别，也就是：

$$f_t = \alpha'_{\perp} Y_t \qquad (3\text{-}28)$$

式中，$\alpha_{\perp}$ 为 $n \times (n-r)$ 维矩阵且满足 $\alpha'_{\perp} \alpha = 0$。一旦识别出共同因子 f_t，就可以把 Y_t 分解成分别反映长期动态与短期动态的两部分，也就是共同趋势与周期成分，即：

$$Y_t = A_1 \alpha'_{\perp} Y_t + A_2 \beta' Y_t \qquad (3\text{-}29)$$

式中，$A_1 = \beta_{\perp} (\alpha'_{\perp} \beta_{\perp})^{-1}$，$A_2 = \alpha (\beta' \alpha)^{-1}$。

从上面的分解过程中不难发现，如果将式（3-27）给出的 VECM 形式转化为类似于式（3-22）的 VMA(∞) 形式，

$$\Delta Y_t = \Psi(L) \varepsilon_t \qquad (3\text{-}30)$$

那么，对 ε_t 施加结构约束 $G = (\alpha_{\perp}, \beta)'$，就可以得到结构化的 VMA$(\infty)$ 形式：

$$\Delta Y_t = \Psi(L) G^{-1} G \varepsilon_t = D(L) \zeta_t \qquad (3\text{-}31)$$

式中，$D(L) = \Psi(L)G^{-1}$，$\zeta_t = G\varepsilon_t$，并且 ζ_t 的前 $n-r$ 个冲击为永久性冲击，剩余的 r 个冲击为暂时性冲击。尽管施加约束 G 可以分离出永久性冲击和暂时性冲击，但是对于永久性冲击或暂时性冲击而言，各个冲击变量之间并不是互不相关的。为了进一步从这两类冲击中分离出相互正交的结构化冲击，Gonzalo 等（2001）通过对 ζ_t 的协整矩阵 Σ_ζ 进行 Cholesky 分解，得到一个下三角矩阵 H，并进一步施加结构约束 H 得到：

$$\Delta Y_t = D(L)HH^{-1}\zeta_t = \Lambda(L)\eta_t \qquad (3\text{-}32)$$

式中，$\Lambda(L) = D(L)H = \Psi(L)G^{-1}H$，$\eta_t = H^{-1}\zeta_t = H^{-1}G\varepsilon_t$。此时，就得到了两两相互正交的冲击向量 η_t，并且 η_t 的前 $n-r$ 个冲击为永久性冲击，剩余的 r 个冲击为暂时性冲击。

通过对比上述 GG 分解方法与 KPSW 分解方法，它们之间既有区别也有联系。本质上，这两种方法都是通过施加结构约束将冲击进行分离，而且所施加的结构约束都是取决于变量之间的协整关系。不同之处在于，首先，GG 分解中变量之间的协整关系是利用观测数据直接估计出来的，也就是由数据本身所决定，而 KPSW 分解中的协整约束是根据经济理论而施加的。其次，KPSW 分解没有关注暂时性冲击对变量的动态影响，而 GG 分解能够同时得到永久性冲击与暂时性冲击对变量的动态影响。

3.2 基于 ARFIMA 模型的趋势周期分解

Granger 等（1980）提出 ARFIMA (p, d, q) 模型是目前刻画单变量分数阶差分平稳过程的主要模型。具体而言，如果序列 y_t 经过 d 阶差分之后是一个平稳序列，那么 $\Delta^d y_t$ 可以用 ARMA (p, q) 模型进行刻画：

$$\phi(L)\Delta^d y_t = \mu + \psi(L)\varepsilon_t \qquad (3\text{-}33)$$

式中，L 表示滞后算子；$\Delta^d = (1-L)^d$ 为分数阶差分算子；$\phi(L) = 1 - \phi_1 L - \cdots - \phi_p L^p$，$\psi(L) = 1 + \psi_1 L + \cdots + \phi_q L^q$，并且 $\phi(L)$ 和 $\psi(L)$ 的所有根都在单位圆外。ε_t 是均值为0、方差为常数 σ_ε^2 的白噪声。

为了给出 $I(d)$ 序列趋势周期分解的精确算法，并使得分解过程更加便于计算且易于理解，不妨假设 $\mu=0$、$q=0$，并且 $0.5<d<1.5$[①]。特别地，当 $d=1$ 时，式（3-33）就是经典的 ARIMA 模型，此时，趋势与周期成分可以通过 BN 分解得到。当 $0.5<d<1.5$ 且 $d\neq1$ 时，分数阶差分算子 Δ^d 的定义如下：

$$\Delta^d = (1-L)^d = \sum_{j=0}^{\infty} \frac{\Gamma(j-d)}{\Gamma(j+1)\Gamma(-d)} L^j$$

式中，$\Gamma(\cdot)$ 表示 Gamma 函数。令 $u_t=\Delta^d y_t$，那么 $u_t=\phi_1 u_{t-1}+\cdots+\phi_p u_{t-p}+\varepsilon_t$，同时又有：

$$u_t = y_t + \sum_{j=1}^{\infty} \frac{\Gamma(j-d)}{\Gamma(j+1)\Gamma(-d)} y_{t-j} \tag{3-34}$$

进一步，从式（3-34）中不难得到：

$$y_{t+k} = u_{t+k} - \sum_{j=1}^{\infty} \frac{\Gamma(j-d)}{\Gamma(j+1)\Gamma(-d)} y_{t+k-j} \tag{3-35}$$

将 $y_{t+k-1} = u_{t+k-1} - \sum_{j=1}^{\infty} \frac{\Gamma(j-d)}{\Gamma(j+1)\Gamma(-d)} y_{t+k-1-j}$ 代入式（3-35），从而有：

$$y_{t+k} = u_{t+k} + du_{t+k-1} + \sum_{j=2}^{\infty} \frac{(j-1)\Gamma(j-d-1)}{\Gamma(j+1)\Gamma(-d-1)} y_{t+k-j} \tag{3-36}$$

然后，再将 $y_{t+k-2} = u_{t+k-2} - \sum_{j=1}^{\infty} \frac{\Gamma(j-d)}{\Gamma(j+1)\Gamma(-d)} y_{t+k-2-j}$ 代入上式，得到更新的 y_{t+k} 的表达式。以此类推，对 y_{t+k-j}，$j=3,\cdots,k-1$ 进行类似操作，最终可以得到[②]：

$$y_{t+k} = \sum_{i=1}^{k} \theta(0,k-i) u_{t+i} + \sum_{j=0}^{\infty} \theta(j,k) y_{t-j} \tag{3-37}$$

式中，对任意的 $j\geqslant0$ 以及 $k\geqslant1$，$\theta(j,k)=\dfrac{(-1)^j \Gamma(d+k)}{(j+k)\Gamma(j+1)\Gamma(d-j)\Gamma(k)}$；对任意的 $j>0$，$\theta(j,0)=0$ 并且 $\theta(0,0)=1$。

给定截至 t 时刻的历史信息的条件下，将 y_t 与 u_t 的向前 k 步预测值，也

---

① 股票市场中常见的非平稳时间序列基本都能用满足该条件的 ARFIMA 模型进行建模。

② 详细的证明过程可参考 Tan 等（2021）。

就是 y_{t+k} 与 u_{t+k} 的条件期望，分别记为 $\hat{y}_t(k)$ 与 $\hat{u}_t(k)$。根据式（3-37）可以得到：

$$\hat{y}_t(k) = \sum_{i=1}^{k} \theta(0, k-i) u_t(i) + \sum_{j=0}^{\infty} \theta(j, k) y_{t-j} \qquad （3-38）$$

由于 u_t 平稳，当 k 充分大时，式（3-38）表明 $\hat{y}_t(k)$ 将趋向于一个关于 k 的函数，即：

$$\hat{y}_t(k) \approx \sum_{i=1}^{\infty} \frac{\Gamma(d+k-i)}{\Gamma(d)\Gamma(k-i+d)} u_t(i) + \sum_{j=0}^{\infty} \theta(j, k) y_{t-j} \qquad （3-39）$$

根据 BN 分解的基本原理，上述函数的"截距项"，即在 $k=0$ 处的取值，就是 y_t 的趋势成分，记为 τ_t。那么，对于 $0.5 < d < 1.5$ 且 $d \neq 1$，

$$\tau_t = y_t + \sum_{i=1}^{\infty} \frac{1}{\Gamma(d)} \hat{u}_t(i) \qquad （3-40）$$

另外，根据 BN 分解，当 $d=1$ 时，y_t 的趋势成分为 $y_t + \sum_{i=1}^{\infty} \hat{u}_t(i)$；因此，综合所得，对于任意 $0.5 < d < 1.5$，y_t 的趋势成分都可表示为式（3-40）。

下面将借鉴 Newbold（1990）针对 BN 分解方法提出的精确算法，进一步对 τ_t 进行求解。由前面的模型假设可知，$\hat{u}_t(i) = \phi_1 u_t(i-1) + \cdots + \phi_p u_t(i-p)$；若令：

$$\boldsymbol{\Phi} = \begin{pmatrix} \phi_1 & \phi_2 & \cdots & \phi_{p-1} & \phi_p \\ 1 & 0 & \cdots & 0 & 0 \\ 0 & 1 & \cdots & 0 & 0 \\ \vdots & \vdots & \ddots & \vdots & \vdots \\ 0 & 0 & \cdots & 1 & 0 \end{pmatrix}_{p \times p}$$

那么，

$$\begin{bmatrix} \hat{u}_t(i) \\ \hat{u}_t(i-1) \\ \vdots \\ \hat{u}_t(i-p+1) \end{bmatrix} = \boldsymbol{\Phi} \begin{bmatrix} u_t(i-1) \\ u_t(i-2) \\ \vdots \\ u_t(i-p) \end{bmatrix} = \boldsymbol{\Phi} \left\{ \boldsymbol{\Phi} \begin{bmatrix} u_t(i-2) \\ u_t(i-3) \\ \vdots \\ u_t(i-p-1) \end{bmatrix} \right\} = \boldsymbol{\Phi}^i \begin{pmatrix} u_t \\ u_{t-1} \\ \vdots \\ u_{t-p+1} \end{pmatrix}$$

进一步，令 $\boldsymbol{a} = (1, 0, \cdots, 0)_{1 \times p}$，$\boldsymbol{v} = (u_t, u_{t-1}, \cdots, u_{t-p+1})$，则有：

$$\hat{u}_t(i) = a\boldsymbol{\Phi}^i \upsilon' \tag{3-41}$$

另外，由于 $\sum_{i=1}^{\infty}\boldsymbol{\Phi}^i = (I-\boldsymbol{\Phi})^{-1}\boldsymbol{\Phi}$ ，而：

$$a(I-\boldsymbol{\Phi})^{-1} = (1-\phi_1-\cdots-\phi_p)^{-1} \times (1, \phi_2+\cdots+\phi_p, \phi_3+\cdots+\phi_p, \cdots, \phi_p)$$

$$\boldsymbol{\Phi}\upsilon' = (\phi_1 u_t + \phi_2 u_{t-1} + \cdots + \phi_p u_{t-p+1} + \mu, u_t, u_{p-1}, \cdots, u_{t-p+2}, \mu)'$$

因此，结合式（3-40）与式（3-41），则可以得到趋势成分的表达式如下：

$$\tau_t = y_t + \frac{a(I-\boldsymbol{\Phi})^{-1}\boldsymbol{\Phi}\upsilon'}{\Gamma(d)} = y_t + \frac{\sum_{j=1}^{p}\sum_{i=j}^{p}\phi_i u_{t-j+1}}{(1-\phi_1-\cdots-\phi_p)\Gamma(d)} \tag{3-42}$$

同时，从式（3-42）中又可以得到周期成分为：

$$c_t = y_t - \tau_t = \frac{\sum_{j=1}^{p}\sum_{i=j}^{p}\phi_i u_{t-j+1}}{(1-\phi_1-\cdots-\phi_p)\Gamma(d)} \tag{3-43}$$

至此，本书就得到了单变量情形下，分离长记忆过程的趋势与周期的精确算法。在该算法中，只要得到 ARFIMA 模型的参数值，就可以根据历史观测数据直接进行趋势周期分解，并没有通过 $\mathrm{MA}(\infty)$ 形式得到随机冲击的累积过程。因此，不能考察随机冲击的持久效应及其对观测变量的影响。下一节本书将基于对随机冲击及其持久效应的考察，介绍分离长记忆过程趋势与周期的另一种思路。

3.3 考虑随机冲击持久效应的趋势周期分解

考虑随机冲击的持久效应，并对原序列进行趋势与周期分解，其前提也是要建立时间序列模型并得到模型参数的估计值。首先，同样地，假设序列 y_t 的 ARFIMA 模型形式由式（3-33）给出。与上述分解方法不同的是，接下来需要根据模型式（3-33），将原序列 y_t 经过 d 阶差分后所得到的平稳序列（$\Delta^d y_t$）转化为 $\mathrm{MA}(\infty)$ 形式。假设其为：

$$\Delta^d y_t = \delta + \varphi(L)\varepsilon_t \tag{3-44}$$

式中，$\varphi(L) = 1 + \sum_{i=1}^{\infty}\varphi_i L^i$，$L$ 表示滞后算子，φ_i 为滞后项系数。δ 为常数项；根

据 Johansen（1995）的分析，$\delta = \varphi(1)\mu$，此处的 μ 是 ARFIMA 模型中的常数项。然后，根据分数阶差分算子的定义，有 $\Delta^d = \sum_{j=0}^{\infty} \pi_j(d)L^j$，其中，$\pi_0(d)=1$，$\pi_j(d) = (j-1-d)\pi_{j-1}(d)/j(j \geq 1)$。那么，通过对式（3-44）进行分数阶整合，可得：

$$y_t = y_0 + \sum_{j=0}^{t-1} \pi_j(-d)\delta + \sum_{j=0}^{t-1} \pi_j(-d)\varphi(L)\varepsilon_{t-j}$$

最后，根据 BN 分解的基本思路及其对趋势成分的定义可以推出，y_t 的确定性趋势成分是：$y_0 + \sum_{j=0}^{t-1} \pi_j(-d)\delta$，随机性趋势成分为：$\varphi(1)\sum_{j=0}^{t-1} \pi_j(-d)\varepsilon_{t-j}$；那么，$y_t$ 的趋势成分则为 $\tau_t = y_0 + \sum_{j=0}^{t-1} \pi_j(-d)\delta + \varphi(1)\sum_{j=0}^{t-1} \pi_j(-d)\varepsilon_{t-j}$；剩余的平稳部分便是周期成分。由此可以看出，对于分数阶的长记忆过程而言，其确定性趋势成分并不一定像 $I(1)$ 过程那样呈一条直线；但是，其随机性趋势也是由随机冲击按照某种规律累积而成。类似于 BN 分解方法，上述分解过程涉及无穷项求和，在此借鉴 BN 的做法，取一个足够大的值对无穷项进行截断。

值得注意的是，上面介绍的趋势周期分解方法中，随机冲击 ε_t 被假设为白噪声。然而，已有大量相关研究表明[①]，大多数的股票市场时间序列在某些时期的波动性要明显大于其他时期，也就是说，其随机冲击项通常存在条件异方差性。此时，则需要考虑能够刻画条件异方差性的 ARFIMA-GARCH 模型，也就是：

$$\begin{cases} \phi(L)\Delta^d y_t = \mu + \psi(L)\varepsilon_t \\ \varepsilon_t = z_t\sigma_t, \ \varepsilon_t \,|\, \Omega_{t-1} \sim N(0,\sigma_t^2) \\ \sigma_t^2 = \nu + \sum_{i=1}^{l} \alpha_i\varepsilon_{t-i}^2 + \sum_{j=1}^{k} \beta_j\sigma_{t-j}^2 \end{cases} \quad （3-45）$$

式中，$\nu \geq 0$，$\alpha_1, \alpha_2, \cdots, \alpha_l \geq 0$，$\beta_1, \beta_2, \cdots, \beta_k \geq 0$ 且 $\Sigma_{i,j}(\alpha_i, \beta_j) < 1$；$z_t \sim N(0,1)$，$\Omega_{t-1}$ 表示到 $t-1$ 时刻为止能获得的所有历史信息，随机冲击 ε_t 在已知 Ω_{t-1} 时的条件方差为 σ_t^2，它不再是一个常数。在有关股票市场时间序列的实证分析中，通常用该条件方差来定义市场波动率。

虽然 GARCH 模型在股票市场波动率的建模及预测方面已取得了无可否认

---

① 相关经典文献主要包括 Akgiray（1989）、Lamoureux 等（1990）。

的成功，但随着相关实证研究的逐渐丰富，许多学者都注意到，GARCH 模型中滞后项系数之和大多时候都非常接近于1，换言之，随机冲击不仅具有条件异方差性，而且其条件方差同样具有很强的持久性。这一发现使得研究者们将注意力投入对 GARCH 模型的改进中，从而提出了 IGARCH（Integrated GARCH；Engle et al.，1986）、FIGARCH（Fractionally Integrated GARCH；Baillie et al.，1996）、HGARCH（Hyperbolic GRACH；Davidson，2004）等。

　　另一方面，也有学者认为，由于重大冲击所导致的结构性变化也能解释这种持久性。结合我国股市的历史与现状，作为一个典型的新兴市场，在过去30多年的发展过程中，曾经历了数次重大制度改革和各种金融冲击，并且也对外界各种重大冲击作出了剧烈反应，出现过数次暴涨暴跌。基于此，接下来本书将在 GARCH 模型中考虑这种结构性变化对波动率的影响，假设过去的重大冲击会改变未来的波动性。更加具体来讲，当过去的冲击大于某一水平时，将会给未来的波动率带来更大的影响。本书把这一水平称为阈值，它可以根据历史数据进行估计。现有的阈值 GARCH 模型都将这一水平设定为0，而且假设波动率会对正向和负向冲击作出不对称的反应，例如 Glosten 等（1993）、Zakoian（1994）。然而，在本书提出的模型中，不管是正向冲击还是负向冲击，一旦超过了阈值水平，未来的波动率都会对其做出反应；这更加符合我国股市的实际情况。本书称该模型为对称阈值 GARCH 模型（简称为 STGARCH 模型）。同时，结合 ARFIMA 模型一起对股票时间序列的条件均值进行建模，也就是 ARFIMA-STGARCH 模型，其形式如下：

$$\begin{cases} \phi(L)\Delta^d y_t = \mu + \psi(L)\varepsilon_t \\ \varepsilon_t = z_t\sigma_t,\ \varepsilon_t | \Omega_{t-1} \sim N(0,\sigma_t^2) \\ \sigma_t^2 = \nu + \sum_{i=1}^{l}\alpha_i\varepsilon_{t-i}^2 + \sum_{i=1}^{s}\lambda_i I_{\{|\varepsilon_{t-i}|>b\}}\varepsilon_{t-i}^2 + \sum_{i=1}^{k}\beta_i\sigma_{t-i}^2 \end{cases} \quad (3\text{-}46)$$

式中，$\nu \geq 0, \lambda_i \geq 0, \alpha_i + \lambda_i \geq 0, \beta_i \geq 0$ 且 $\sum(\alpha_i + \lambda_i + \beta_i) < 1 (i=1, 2, \cdots, \max\{l, s, k\})$[①]；

---

① 当 $i > l$ 时，设 $\alpha_i = 0$；当 $i > s$ 时，设 $\lambda_i = 0$；当 $i > k$ 时，设 $\beta_i = 0$。

$I_{\{\cdot\}}$ 为示性算子；$b\,(b>0)$ 为阈值。示性函数 $I_{\{|\varepsilon_{t-i}|>b\}}$ 连同非负的 λ_i 值一起，意味着当过去 i 期的冲击水平超过非零常数 b 时，该冲击将会对当期的波动率 σ_t^2 产生更大的影响，影响系数为 $\alpha_i+\lambda_i$；若过去 i 期的冲击水平没有超过阈值 b，那么该冲击对波动率的影响系数只有 α_i。

对式（3-46）的估计分两步进行。第一步，首先利用观测数据估计出一个 ARFIMA-GARCH 模型，并得到其随机扰动项 $\tilde{\varepsilon}_t$，然后根据 $\tilde{\varepsilon}_t$ 的分布确定阈值 b 的上界和下界，记为 $b_{\max}$ 和 $b_{\min}$。通常情况下，$b_{\max}$ 和 $b_{\min}$ 分别取 $\tilde{\varepsilon}_t$ 的90% 和 10% 分位数。第二步，利用拟极大似然估计方法对式（3-46）的参数进行联合估计。

记式（3-46）的参数向量为 $\boldsymbol{\Theta}=(\mu,\phi,d,\psi,v,\alpha,\beta,\lambda,b)'$，其中，$\phi=(\phi_1,\phi_2,\cdots,\phi_p)$，$\psi=(\psi_1,\psi_2,\cdots,\psi_q)$，$\alpha=(\alpha_1,\alpha_2,\cdots,\alpha_l)$，$\beta=(\beta_1,\beta_2,\cdots,\beta_k)$，$\lambda=(\lambda_1,\lambda_2,\cdots,\lambda_s)$。那么，$\boldsymbol{\Theta}$ 的拟似然估计量 $\hat{\boldsymbol{\Theta}}$ 则为：

$$\hat{\boldsymbol{\Theta}}=\arg\max_{\Theta}\sum_{t=1}^{T}\left(-\frac{1}{2}\ln 2\pi-\frac{1}{2}\ln\sigma_t^2-\frac{1}{2}\frac{\varepsilon_t^2}{\sigma_t^2}\right) \qquad (3\text{-}47)$$

式（3-47）中的似然函数可能存在多个局部最大值，因此，在确定最终的参数估计值之前，建议尽可能多地尝试不同的初始值。最后，在一般性条件下，上述拟似然估计量的渐进概率分布满足：

$$\sqrt{T}\left(\hat{\boldsymbol{\Theta}}-\boldsymbol{\Theta}_0\right)\rightarrow N\left\{0,\left[E\left(z_t^4\right)-1\right]M^{-1}\right\}$$

式中，$\boldsymbol{\Theta}_0$ 表示参数 $\boldsymbol{\Theta}$ 的真实值，$M=E\left[\dfrac{1}{\sigma_t^4(\boldsymbol{\Theta}_0)}\dfrac{\partial\sigma_t^2(\boldsymbol{\Theta}_0)}{\partial\boldsymbol{\Theta}}\dfrac{\partial\sigma_t^2(\boldsymbol{\Theta}_0)}{\partial\boldsymbol{\Theta}'}\right]$。

3.4　基于 FCVAR 模型的趋势周期分解

前面两节中介绍的方法都是针对单变量情形，在多变量情形下，则需要考虑变量之间的相互影响，及其长期协整关系、共同趋势或共同周期。Johansen（2008）提出的 FCVAR 模型为包含分数阶协整关系和持久成分的多变量 $I(d)$ 系统提供了一个动态分析框架。虽然在国外的相关研究中，FCVAR 模型已广泛应用于房价、股票价格等金融时间序列的建模，但该模型在国内的应用还较少；鉴于此，下面首先对 FCVAR 模型进行较为详细的介绍。

假设 Y_t 是由 n 个 $I(d)$ 序列构成的 n 维观测序列，变量间存在 r 个协整关系。通过 FCVAR 模型对 Y_t 进行建模，其误差修正形式如下：

$$\Delta^d Y_t = \mu + \alpha L_b \Delta^{d-b}\left(\beta' Y_t + \rho'\right) + \sum_{i=1}^{p}\Gamma_i L_b^i \Delta^d Y_t + \varepsilon_t \qquad （3-48）$$

式中，α 与 β 分别为 $n \times r$ 维的调整矩阵和协整矩阵；ε_t 是均值为0，协方差矩阵为 Σ_ε 的独立同分布随机扰动项。与常见的差分算子 Δ、滞后算子 L 相对应，$\Delta^d = (1-L)^d$ 和 $L_b = 1 - \Delta^d$ 分别表示分数 $d(d > 0.5)$ 阶差分算子和分数 $b(b > 0)$ 阶滞后算子。并且，d 表示观测序列的差分（整合）阶数，即 $\Delta^d Y_t \in I(0)$，而 b 表示原序列 Y_t 经协整矩阵作用之后（也就是 $\beta' Y_t$）减少的阶数，也就是说 $\beta' Y_t \in I(d-b)$。考虑到 $\beta' Y_t$ 为平稳过程，因此 d 与 b 满足：$0 \leqslant d-b < 0.5$。另外，$\Gamma_1, \Gamma_2, \cdots, \Gamma_p$ 都是 $n \times n$ 维的短期系数矩阵。参数 μ 和 ρ 分别被称为无约束常数项和受限常数项，前者只是影响变量的确定性趋势成分，而后者满足：$E(\beta' Y_t) + \rho' = 0$。

从式（3-48）中很容易看出，当 $d = b = 1$ 时，上述 FCVAR 模型就变成了经典的 VECM。也就是说，VECM 是 FCVAR 模型的一个特例。两者的结构非常相似，都包含了由协整矩阵和调整矩阵构成的误差修正项以及平稳的自回归项，而且这些参数几乎都有相同的含义。除了差分阶数的不同，两者最主要的区别在于，FCVAR 模型中有两个常数项——无约束常数项和受限常数项，并且这两个常数项有着不同的含义；然而，在 VECM 中，就只有无约束常数项。另外，通过 VECM 分解得到的确定性趋势是线性的，但对于 FCVAR 模型而言，就不一定如此了[①]。

根据 Johansen 等（2012，2016）的分析，式（3-48）中的所有参数都可

[①] 有关 FCVAR 模型的表示理论及其两个常数项的更为详细的解释，可参考 Dolatabadi 等（2016）。

以通过条件极大似然估计方法进行联合估计 [①]。相应的极大似然函数为：

$$\ln L_T(\lambda) = -\left\{ nT\left[\ln(2\pi)+1\right] + T\ln\left[\det\left(\frac{1}{T}\sum_{t=1}^{T}\varepsilon_t(\lambda)\varepsilon_t(\lambda)'\right)\right]\right\}\Big/2$$

式中，T 表示样本量，$\det(A)$ 表示矩阵 A 的行列式，$\lambda = (d, b, \boldsymbol{\alpha}, \boldsymbol{\beta}, \boldsymbol{\Gamma}_1, \boldsymbol{\Gamma}_2, \cdots, \boldsymbol{\Gamma}_p, \mu, \rho)$，并且 $\varepsilon_t(\lambda) = \Delta^d \boldsymbol{Y}_t - \mu - \boldsymbol{\alpha} L_b \Delta^{d-b}(\boldsymbol{\beta}'\boldsymbol{Y}_t + \rho') - \sum_{i=1}^{p}\boldsymbol{\Gamma}_i L_b^i \Delta^d \boldsymbol{Y}_t$ 。

接下来将基于由式（3-48）给出的 FCVAR 模型，对 n 个分数阶差分平稳过程所组成的协整系统 $\boldsymbol{Y}_t$ 进行趋势与周期分解。首先，对式（3-48）进行变形可得到：

$$\left[\boldsymbol{I} - \left(\boldsymbol{\alpha}\boldsymbol{\beta}' L_b \Delta^{-b} + \sum_{i=1}^{p}\boldsymbol{\Gamma}_i L_b^i\right)\right]\Delta^d \boldsymbol{Y}_t = \boldsymbol{\alpha} L_b \Delta^{d-b}\rho' + \mu + \varepsilon_t \qquad (3\text{-}49)$$

式中，$\boldsymbol{I}$ 为单位矩阵。令 $\boldsymbol{\Pi}(z) = \boldsymbol{\alpha}\boldsymbol{\beta}'\left[(1-z)^{-b}-1\right] + \sum_{i=1}^{p}\boldsymbol{\Gamma}_i\left[1-(1-z)^{-b}\right]^i$，其中分数幂 $(1-z)^b$ 的展开式为 $(1-z)^b = \sum_{j=0}^{\infty}\pi_j(b)z^j$，并且，

$$\pi_j(b) = \frac{-b(1-b)\cdots(j-1-b)}{j!} \qquad (3\text{-}50)$$

等价地，$\pi_0(b) = 1$，$\pi_j(b) = \dfrac{j-1-b}{j}\pi_{j-1}(b)$，$j \geqslant 1$。

根据分数阶滞后算子 L_b 与分数阶差分算子 Δ^{-b} 的定义以及它们之间的关系，有 $L_b = 1-(1-L)^b$ 且 $L_b\Delta^{-b} = (1-L)^b - 1$；由此，方程（3-49）可进一步表示为：

$$\left[\boldsymbol{I} - \boldsymbol{\Pi}(L)\right]\Delta^d \boldsymbol{Y}_t = \boldsymbol{\alpha} L_b \Delta^{d-b}\rho' + \mu + \varepsilon_t \qquad (3\text{-}51)$$

并且，$\Delta^d \boldsymbol{Y}_t = \sum_{j=0}^{\infty}\pi_j(d)\boldsymbol{Y}_{t-j}$ 。

如果定义如下的算子，

$$\boldsymbol{I}_+\boldsymbol{Y}_t = \boldsymbol{Y}_t^+ = \boldsymbol{Y}_t \boldsymbol{I}_{\{t \geqslant 1\}} = \begin{cases} \boldsymbol{Y}_t, t = 1, 2, \cdots \\ 0, t = \cdots, -1, 0 \end{cases}$$

并且 $\boldsymbol{I}_- = \boldsymbol{I} - \boldsymbol{I}_+$，$\boldsymbol{\Pi}_+(L) = \boldsymbol{I}_+\boldsymbol{\Pi}_+(L)$，$\boldsymbol{\Pi}_-(L) = \boldsymbol{I}_-\boldsymbol{\Pi}_+(L)$，那么式（3-51）可以等价地表示为：

$$\left[\boldsymbol{I} - \boldsymbol{\Pi}(L)\right]_+ \Delta^d \boldsymbol{Y}_t + \left[\boldsymbol{I} - \boldsymbol{\Pi}(L)\right]_- \Delta^d \boldsymbol{Y}_t = \boldsymbol{\alpha} L_b \Delta^{d-b}\rho' + \mu + \varepsilon_t \qquad (3\text{-}52)$$

---

① 有关 FCVAR 模型的估计，可应用 MATLAB 程序。

此时，如果将式（3-52）的等号左右两边同时乘以 $[\boldsymbol{I}-\boldsymbol{\Pi}(L)]_+^{-1}$，并根据 $[\boldsymbol{I}-\boldsymbol{\Pi}(L)]_+[\boldsymbol{I}-\boldsymbol{\Pi}(L)]_+^{-1}=\boldsymbol{I}_+$，则可以得到：

$$\Delta_+^d \boldsymbol{Y}_t + \left[\boldsymbol{I}-\boldsymbol{\Pi}(L)\right]_+^{-1}\left[\boldsymbol{I}-\boldsymbol{\Pi}(L)\right]_- \Delta^d \boldsymbol{Y}_t = \left[\boldsymbol{I}-\boldsymbol{\Pi}(L)\right]_+^{-1}\left(\boldsymbol{\alpha} L_b \Delta^{d-b}\rho' + \mu + \varepsilon_t\right)$$

$$（3-53）$$

令 $\vartheta_t = -\left[\boldsymbol{I}-\boldsymbol{\Pi}(L)\right]_+^{-1}\left[\boldsymbol{I}-\boldsymbol{\Pi}(L)\right]_- \Delta^d \boldsymbol{Y}_t$，它由到 t 时刻为止的历史数据以及 $\boldsymbol{Y}_t$ 的初始值所决定。再结合泰勒展开式：$(1-z)^{-1}=\sum_{n=0}^{\infty}z^n$，其中 $|z|<1$，式（3-53）又可进一步表示为：

$$\Delta_+^d \boldsymbol{Y}_t = \sum_{n=0}^{t-1}\boldsymbol{I}_+\boldsymbol{\Pi}^n(L)\left(\boldsymbol{\alpha} L_b \Delta^{d-b}\rho' + \mu + \varepsilon_t\right) + \vartheta_t \qquad （3-54）$$

如 果 记 $\boldsymbol{D}(L)=\sum_{n=0}^{t-1}\boldsymbol{I}_+\boldsymbol{\Pi}^n(L)$，$\delta_t = \boldsymbol{D}(L)\left(\boldsymbol{\alpha} L_b \Delta^{d-b}\rho' + \mu\right) + \vartheta_t$，则 根 据 式（3-54），$\Delta_+^d \boldsymbol{Y}_t$ 便可以表示为 VMA(∞) 形式，即：

$$\Delta_+^d \boldsymbol{Y}_t = \delta_t + \boldsymbol{D}(L)\varepsilon_t \qquad （3-55）$$

下面就可以根据 KPSW 分解方法的基本思路，对简约形式即式（3-55）施加结构约束，将其转化为结构化形式，并得到相互正交的永久性冲击和暂时性冲击。如果施加的结构约束矩阵为 $\boldsymbol{B}$，并且所得到的结构化形式如下：

$$\Delta_+^d \boldsymbol{Y}_t = \delta_t + \boldsymbol{\Lambda}(L)\eta_t \qquad （3-56）$$

那么，$\boldsymbol{\Lambda}(L)=\boldsymbol{D}(L)\boldsymbol{B}$，$\eta_t = \boldsymbol{B}^{-1}\varepsilon_t$。

结构化形式即式（3-56）的识别条件与 KPSW 方法保持一致[①]，也就是包括两点：第一，各个结构化的冲击之间相互正交；第二，η_t 的前 r 个冲击为暂时性冲击（记为 η_t^c），对 $\boldsymbol{Y}_t$ 没有长期影响，而剩余的 $n-r$ 个冲击则为永久性冲击（记为 η_t^r），会在该协整系统中形成 $n-r$ 个共同趋势。

最后，对式（3-56）进行成功识别之后，就可以根据 BN 分解的基本原理并结合分数阶差分算子的展开式，对式（3-56）进行分数阶整合，并得到：

$$\boldsymbol{Y}_t = \xi_t + \sum_{j=0}^{t-1}\pi_j(-d)\boldsymbol{\Lambda}(L)\eta_{t-j}, t=1,2,\cdots,T$$

式中，系数 $\pi_j(\cdot)(j=0,1,\cdots,t-1)$ 由式（3-50）给出；$\xi_t = \boldsymbol{Y}_0 + \sum_{j=0}^{t-1}\pi_j(-d)\delta_{t-j}$，

---

① 具体请参见前文第 3.1.2 节 KPSW 分解法中结构矩阵的识别过程。

即为 Y_t 的确定性趋势成分。进一步，Y_t 的随机性趋势成分为 $\varLambda(1)\sum_{j=0}^{t-1}\pi_j(-d)\eta_{t-j}$，从而可以得到 Y_t 的趋势成分为：$\tau_t = \xi_t + \varLambda(1)\sum_{j=0}^{t-1}\pi_j(-d)\eta_{t-j}$；剩余的平稳部分也就是 Y_t 的周期成分：$c_t = Y_t - \tau_t$。

至此，本书就完成了基于 FCVAR 模型的分数阶协整系统的趋势与周期分解。从上面的分析过程来看，主要思路类似于整数阶情形下的 KPSW 方法，也就是：首先根据观测数据估计出 FCVAR 模型，再将其转化为 VMA(∞) 形式，即式（3-55）；然后，对简约形式即式（3-55）施加结构约束得到结构化形式即式（3-56）；最后，对结构化形式进行分数阶整合得到观测序列的趋势与周期成分。

3.5　基于 MS-FCVAR 模型的趋势周期分解

在经济或金融时间序列的建模中，考虑到变量因受到某些外生性重大冲击可能会发生显著的结构性变化，因此，能够容纳结构性变化的计量模型具有一定的优势。并且，在许多实证研究中已经被证明：忽略结构性变化的存在将会导致诸多问题。例如，Perron（1989）指出结构性变化的存在会导致传统的单位根检验结果不准确；Gregory 等（1996）表明变量中若存在结构性变化可能会引起虚假的协整关系；Granger（1998）认为结构性变化会引起变量呈现出伪记忆性；Perron 等（2009）指出如果忽略变量中潜在的结构性变化，将会使得趋势与周期的分解结果不准确。因此，在对分数阶协整系统的建模及趋势周期分解过程中，考虑结构性变化的存在，也是本书重点探讨的问题之一。变量的结构性变化在模型中是通过时变参数来进行刻画，刻画的方式多种多样，包括引入虚拟变量、连续的或分段的时变函数、马尔科夫机制转换过程等。由于马氏机制转换结构的灵活性和估计的有效性，在多变量的时间序列模型中，用其来刻画变量间潜在的结构性变化具有无可比拟的优势。Hamilton（1989）、Sims 等（2008）分别首次在 AR 模型和 VAR 模型中引入马氏机制转换结构。

受到他们的启发，本书在 Johansen（2008）提出的分数阶向量自回归（FVAR）模型[①]中引入马氏机制转换过程，简记为 MS-FVAR，并给出相应的估计方法。若考虑到变量为非平稳序列，并且变量间存在长期协整关系，则进一步将 MS-FVAR 模型转化为考虑了协整的误差修正形式，即 MS-FCVAR 模型，再进行趋势与周期分解。

3.5.1　MS-FVAR 模型及其估计

对于 n 维的时间序列向量 $\boldsymbol{Y}_t$（$\boldsymbol{Y}_t$ 为平稳过程），其 MS-FVAR 模型形式为：

$$\boldsymbol{Y}_t = \mu(s_t) + \sum_{i=1}^{p} \boldsymbol{A}_i(s_t) L_d^i \boldsymbol{Y}_t + \boldsymbol{D}(s_t)\boldsymbol{\varepsilon}_t, \quad t = 1, 2, \cdots, T \quad （3\text{-}57）$$

式中，s_t 是一条具有 m 个状态的马氏链，不妨设 $s_t = 1, 2, \cdots, m$，这也就意味着 $\boldsymbol{Y}_t$ 中存在 $m-1$ 个结构性变化点。假设这 $m-1$ 个未知的结构性变化时间点分别为 $\{\tau_1, \tau_2, \cdots, \tau_{m-1}\}$；同时，令 $\tau_0 = 0, \tau_m = T$，并假设当 $\tau_{k-1} < t \leqslant \tau_k (k = 1, 2, \cdots, m)$ 时，$\boldsymbol{Y}_t$ 处于第 k 个状态，即 $s_t = k$。马氏链 s_t 的转移概率矩阵为：

$$\boldsymbol{Q} = \begin{pmatrix} q_{11} & q_{12} & 0 & \cdots & & 0 \\ 0 & q_{22} & q_{23} & \cdots & & 0 \\ \vdots & \vdots & \vdots & & \vdots & \vdots \\ 0 & \cdots & 0 & q_{m-1,m-1} & & q_{m-1,m} \\ 0 & 0 & \cdots & 0 & & q_{mm} \end{pmatrix}_{m \times m}$$

式中，$q_{ij} = p(s_t = j | s_{t-1} = i)$ 表示 s_t 从状态 i 转移到状态 j 的概率。根据转移矩阵 $\boldsymbol{Q}$ 的形式可知，若 s_t 在时刻 t 处于状态 $k (k = 1, 2, \cdots, m-1)$，那么它在 $t+1$ 时刻继续停留在状态 k 的概率为 q_{kk}，而转移到状态 $k+1$ 的概率为 $1-q_{kk}$，转移到其他状态的概率均为0；当 s_t 处于状态 m 时，那么它停留在该状态的概率为1。总之，以上假设表明式（3-57）中存在一个不可逆的马氏机制转换结构。

对于任意状态 $k (k = 1, 2, \cdots, m)$，$c(k)$ 是一个 n 维的常数向量，$\boldsymbol{D}(k)$ 是一个 n 维的对角矩阵，对角线上的元素为 $\xi(k) = [\xi_1(k), \xi_2(k), \cdots, \xi_m(k)]'$，$\boldsymbol{\varepsilon}_t$ 是由

---

① FVAR 模型形式为：$\boldsymbol{Y}_t = \mu + \sum_{i=1}^{p} \boldsymbol{A}_i L_d^i \boldsymbol{Y}_t + D\boldsymbol{\varepsilon}_t$。

n 个独立同分布的标准正态随机冲击构成的随机向量。p 为滞后阶数，对于任意的 $i=1,2,\cdots,p$，$A_i(k)$ 是 $n\times n$ 维的滞后项系数矩阵。$L_d=1-(1-L)^d$ 为分数阶滞后算子，$(1-L)^d=\Delta^d$ 则为分数阶差分算子，其展开式为：

$$(1-L)^d=\Delta^d=\sum_{j=0}^{\infty}\frac{\Gamma(j-d)}{\Gamma(j+1)\Gamma(-d)}L^j$$

式中，$\Gamma(\cdot)$ 为 Gamma 函数。若令 $A(s_t)=[A_1(s_t),A_2(s_t),\cdots,A_p(s_t),c(s_t)]$，$X_t=(L_dY_t',L_d^2Y_t',\cdots,L_d^pY_t',1)'$，那么式（3-57）则可以表示为下列更为紧凑的形式：

$$Y_t=A(s_t)X_t+D(s_t)\varepsilon_t,\quad t=1,2,\cdots,T$$

下面主要借鉴 Sims 等（1998,2008）针对 MS-VAR 给出的参数估计方法，提出上述 MS-FVAR 模型参数的贝叶斯估计方法。与 Sims 等（1998，2008）不同的是，他们的参数估计过程中滞后阶数为整数，本书进一步结合马氏链蒙特卡罗方法和 Metropolis-Hastings（MH）算法，将整数阶滞后推广到分数阶滞后的情形。具体做法如下：

令 $S_T=(s_1,s_2,\cdots,s_T)'$，$\tilde{Y}_T=(Y_1,Y_2,\cdots,Y_T)'$，$\theta=\{\theta_k\}_{k=1}^m$，其中，$\theta_k=[\xi^2(k),A(k)]$。从式（3-57）的假设中可知，在已知 $(\tilde{Y}_{t-1},S_T,\theta,d,Q)$ 的条件下，Y_t 服从均值为 $A(s_t)X_t$、方差为 $D^2(s_t)$ 的正态分布。进一步，通过简单的计算整理，不难得到 Y_t 的条件密度函数满足下列等式：

$$p(Y_t|\tilde{Y}_{t-1},S_T,\theta,d,Q)=\prod_{i=1}^{n}\frac{1}{|\xi_i(s_t)|}\exp\left[-\frac{1}{2\xi_i^2(s_t)}(Y_{t,i}-a_i(s_t)X_t)^2\right]\quad(3-58)$$

式中，$Y_{t,i}$ 和 $a_i(s_t)$ 分别表示 Y_t 和 $A(s_t)$ 的第 i 行元素。根据贝叶斯规则，(S_t,θ,d,Q) 的条件后验分布满足：

$$p(S_T,\theta,d,Q|\tilde{Y}_T)\propto p(S_T,\theta,d,Q)p(\tilde{Y}_T|S_T,\theta,d,Q)$$

由于结构性变化时间点以及 S_T 都是不可观测的，并且上述条件后验密度函数也不是我们所熟知的密度函数，因此不能根据传统的方法从条件后验密度中得到参数的估计值。针对这一问题，目前最普遍的解决方法是 Gibbs 抽样和 MH 方法。首先将所有待估参数分为四部分，分别为 S_T、θ、Q 以及 d。Gibbs

抽样包括以下步骤：

（1）选定 $\boldsymbol{\theta}$、Q 以及 d 的初始值，假设它们分别为 $\boldsymbol{\theta}^{(0)}$、$Q^{(0)}$ 以及 $d^{(0)}$；

（2）依次从下列条件后验分布中抽取第 $i(i=1,2,3,\cdots,N)$ 组样本：

$$p\left[\boldsymbol{S}_T^{(i)}|\boldsymbol{\theta}^{(i-1)},d^{(i-1)},Q^{(i-1)},\tilde{\boldsymbol{Y}}_T\right]$$

$$p\left[\boldsymbol{\theta}^{(i)}|\boldsymbol{S}_T^{(i)},d^{(i-1)},Q^{(i-1)},\tilde{\boldsymbol{Y}}_T\right]$$

$$p\left[d^{(i)}|\boldsymbol{S}_T^{(i)},\boldsymbol{\theta}^{(i)},Q^{(i-1)},\tilde{\boldsymbol{Y}}_T\right]$$

$$p\left[Q^{(i)}|\boldsymbol{S}_T^{(i)},\boldsymbol{\theta}^{(i)},d^{(i)},\tilde{\boldsymbol{Y}}_T\right]$$

当 N 足够大时，Gibbs 抽样得到的 N 个样本的均值就是参数的估计值。下面本书详细介绍上述第（2）步中的四个条件后验分布。

首先，$\boldsymbol{S}_T$ 的条件后验分布满足：

$$p\left(\boldsymbol{S}_T|\boldsymbol{\theta},d,Q,\tilde{\boldsymbol{Y}}_T\right)=p\left(s_t|\boldsymbol{\theta},d,Q,\tilde{\boldsymbol{Y}}_T\right)\prod_{t=1}^{T-1}p\left(s_t|s_{t+1},\boldsymbol{\theta},d,Q,\tilde{\boldsymbol{Y}}_t\right) \quad (3\text{-}59)$$

式中，等号右边的单个条件分布满足下式：

$$p\left(s_t=k|s_{t+1}=k,\boldsymbol{\theta},d,Q,\tilde{\boldsymbol{Y}}_t\right)=\frac{p\left(s_t=k|\boldsymbol{\theta},d,Q,\tilde{\boldsymbol{Y}}_t\right)q_{kk}}{\sum_{l=k-1}^{k}p\left(s_t=l|\boldsymbol{\theta},d,Q,\tilde{\boldsymbol{Y}}_t\right)q_{lk}} \quad (3\text{-}60)$$

$$p\left(s_t=k-1|s_{t+1}=k,\boldsymbol{\theta},d,Q,\tilde{\boldsymbol{Y}}_t\right)=1-p\left(s_t=k|s_{t+1}=k,\boldsymbol{\theta},d,Q,\tilde{\boldsymbol{Y}}_t\right)$$

然而，式（3-60）中的 $p\left(s_t=k|\boldsymbol{\theta},d,Q,\tilde{\boldsymbol{Y}}_t\right)$ 可以通过下式得到，即：

$$p\left(s_t=k|\boldsymbol{\theta},d,Q,\tilde{\boldsymbol{Y}}_t\right)=\frac{p\left(s_t=k|\boldsymbol{\theta},d,Q,\tilde{\boldsymbol{Y}}_{t-1}\right)p\left(\boldsymbol{Y}_t|s_t=k,\boldsymbol{\theta},d,Q,\tilde{\boldsymbol{Y}}_{t-1}\right)}{\sum_{l=1}^{m}p\left(s_t=l|\boldsymbol{\theta},d,Q,\tilde{\boldsymbol{Y}}_{t-1}\right)p\left(\boldsymbol{Y}_t|s_t=l,\boldsymbol{\theta},d,Q,\tilde{\boldsymbol{Y}}_{t-1}\right)} \quad (3\text{-}61)$$

式中，$p\left(s_t=k|\boldsymbol{\theta},d,Q,\tilde{\boldsymbol{Y}}_{t-1}\right)=\sum_{l=k-1}^{k}p\left(s_{t-1}=l|\boldsymbol{\theta},d,Q,\tilde{\boldsymbol{Y}}_{t-1}\right)q_{lk}$。由此可见，若给定初始值 $p\left(s_1=1|\boldsymbol{\theta},d,Q,\tilde{\boldsymbol{Y}}_1\right)=1$，就可以得到式（3-61），将其代入式（3-60），并结合式（3-59），便可得到 $\boldsymbol{S}_T$ 的条件分布。

其次，对于 $\left(\boldsymbol{\theta}^{(i)}|\boldsymbol{S}_T^{(i)},d^{(i-1)},Q^{(i-1)},\tilde{\boldsymbol{Y}}_T\right)$，需要依次对 $\{\boldsymbol{\theta}_k\}_{k=1}^{m}$ 进行抽样，即 $(\boldsymbol{\theta}_k|\boldsymbol{\theta}_1,\cdots,\boldsymbol{\theta}_{k-1},\boldsymbol{\theta}_{k+1},\cdots,\boldsymbol{\theta}_m,\boldsymbol{S}_T,d,Q,\boldsymbol{\theta}_k)$；实际上，$\boldsymbol{\theta}_k$ 的条件后验只依赖于第 k 个状态下的观测值以及滞后阶数 d，若将第 k 个状态下的观测值记为 $\tilde{\boldsymbol{Y}}^k$，即 $\tilde{\boldsymbol{Y}}^k=$

$\{Y_t ; s_t = k\}$，那么上述条件后验则等价于 $(\boldsymbol{\theta}_k | d, \tilde{Y}^k)$。由于 $\boldsymbol{\theta}_k = [\xi^2(k), A(k)]$，下面再次运用 Gibbs 抽样基本原理，将参数 $\boldsymbol{\theta}_k$ 分为两部分，即 $\xi^2(k)$ 和 $A(k)$。对于 $[A(k) | \xi^2(k), d, \tilde{Y}^k]$，参照 Sims 等（1998）的做法，假设其先验分布为高斯分布，并且对于先验均值、先验方差的假设也与 Sims 等（1998）保持一致。结合该先验分布假设以及式（3-58），再根据贝叶斯规则便可得到 $[A(k) | \xi^2(k)$, $d, \tilde{Y}^k]$ 的后验分布。对于 $[\xi^2(k) | A(k), d, \tilde{Y}^k]$，假设 $\xi^2(k)$ 的先验分布为 Gamma 分布，即：

$$p\left[\xi_i^2(k)\right] = \gamma\left[\xi_i^2(k) | \alpha_j, \beta_j\right]$$

式中，$\gamma(x | \alpha, \beta) = \dfrac{1}{\Gamma(\alpha)} \beta^\alpha x^{\alpha-1} e^{-\beta x}$，$\alpha_j$ 与 β_j 是先验超参数值。那么，$\xi^2(k)$ 的后验条件分布则为

$$p\left[\xi_i^2(k) | A(k), d, \tilde{Y}^k\right] = \gamma\left[\xi_i^2(k) | \hat{\alpha}_j(k), \hat{\beta}_j(k)\right]$$

式中，$\hat{\alpha}_j(k) = \alpha_j + T_k / 2$，$\hat{\beta}_j(k) = \beta_j + 1/2 \sum_{t \in \{t; s_t = k\}} \left[Y_{t,j} - a_j(k) X_t\right]^2$，$T_k$ 为第 k 个状态下观测值的个数。

然后，对于 $\left[d^{(i)} | S_T^{(i)}, ^{(i)}, Q^{(i)}, Y_T\right]$，本书主要运用 MH 算法对其进行抽样。在已经抽取第 $i-1$ 个样本 $d^{(i-1)}$ 的条件下，主观选择一个合适的方差参数 σ^2，并从均值为 $d^{(i-1)}$、方差为 σ^2 的正态分布中抽取一个候选样本 $d^{(*)}$；计算下列比值：

$$\lambda = \frac{p\left[d^* | S_T^{(i)}, \boldsymbol{\theta}^{(i)}, Q^{(i-1)}, \tilde{Y}_T\right] p\left[d^{(i-1)} | d^{(*)}\right]}{p\left[d^{(i-1)} | S_T^{(i)}, \boldsymbol{\theta}^{(i)}, Q^{(i-1)}, \tilde{Y}_T\right] p\left[d^{(*)} | d^{(i-1)}\right]}$$

然后再从标准均匀分布 $U(0, 1)$ 中随机抽取一个 u，若 $u \leqslant \min(1, \lambda)$，则将候选样本 $d(*)$ 作为第 i 个样本 $d^{(i)}$，即 $d^{(i)} = d^{(*)}$，否则 $d^{(i)} = d^{(i-1)}$。

最后，对于 $\left[Q^{(i)} | S_T^{(i)}, \boldsymbol{\theta}^{(i)}, d^{(i)}, \tilde{Y}_T\right]$，本书假设矩阵 Q 对角线上元素的先验分布为 Beta 分布，那么其条件后验分布满足：

$$p\left(q_{kk} | \boldsymbol{\theta}, d, S_T, \tilde{Y}_T\right) \sim \text{Beta}\left(a + T_k, b + 1\right)$$

式中，a 和 b 是先验贝塔分布的超参数，T_k 为第 k 个状态下观测值的个数。

给出了似然函数 $p\left(\tilde{\boldsymbol{Y}}_T \mid \boldsymbol{\theta}, d, Q, \boldsymbol{S}_T\right)$ 和先验分布 $p\left(\boldsymbol{S}_T, \boldsymbol{\theta}, d, Q\right)$，模型的边际似然函数定义如下：

$$p\left(\tilde{\boldsymbol{Y}}_T\right) = \int p\left(\tilde{\boldsymbol{Y}}_T \mid \boldsymbol{S}_T, \boldsymbol{\theta}, Q\right) p\left(\boldsymbol{S}_T, \boldsymbol{\theta}, Q\right) \mathrm{d}\boldsymbol{S}_T \mathrm{d}\boldsymbol{\theta} \mathrm{d}Q$$

目前计算上述边际似然函数的普遍方法是 Gelfand 等（1994）提出的修正的调和平均（the modified harmonic mean, MHM）方法。但是，Sims 等（2008）指出，MHM 方法可能并不适用于存在结构性变化或时变参数的模型，因为其参数后验密度趋向于非高斯分布。因此，本书采用 Sims 等（2008）提出的新的 MHM 方法来计算上述边际似然函数。

3.5.2 MS-FCVAR 模型及趋势周期分解

在式（3-57）中，n 维向量 $\boldsymbol{Y}_t$ 是平稳的 $I(d)$（$0 \leqslant d \leqslant 0.5$）过程。但是，如果向量 $\boldsymbol{Y}_t$ 是由 n 个非平稳的 $I(d)$（$d > 0.5$）过程组成，此时 $\boldsymbol{Y}_t$ 中将包含一个非平稳的长期成分与一个平稳的短期成分，而且各变量间可能存在协整关系，这种协整关系可能导致变量间出现共同趋势或共同周期。为了进一步明确地刻画变量间的长期协整关系与短期动态变化，下面将式（3-57）转化为下列误差修正形式，从而提出基于协整的 MS-FVAR 模型，即 MS-FCVAR 模型：

$$\Delta^d \boldsymbol{Y}_t = \boldsymbol{c}(s_t) + \boldsymbol{\alpha}(s_t)\boldsymbol{\beta}'(s_t)L_d\boldsymbol{Y}_t + \sum_{i=1}^{p-1}\boldsymbol{\Gamma}_i(s_t)L_d^i\Delta^d\boldsymbol{Y}_t + \boldsymbol{D}(s_t)\varepsilon_t \qquad (3\text{-}62)$$

式中，d 为分数且 $d > 0.5$，$n \times r$ 维矩阵 $\boldsymbol{\beta}(s_t)$ 和 $\boldsymbol{\alpha}(s_t)$ 分别为协整矩阵和调整矩阵，$r(0 < r < n)$ 为协整秩。根据协整系统的共同趋势理论（Engle et al.，1987；King et al.，1991），该系统中将存在 $n-r$ 个长期冲击，它们通过累积形成系统的共同趋势成分；剩下的 r 个冲击则为短期冲击，它们对变量只有短期影响，从而形成了系统的周期成分。式（3-62）与式（3-57）之间存在以下关系：

$$\boldsymbol{\alpha}(s_t)\boldsymbol{\beta}'(s_t) = \sum_{i=1}^{p}\boldsymbol{A}_i(s_t) - \boldsymbol{I},\ \boldsymbol{\Gamma}_i(s_t) = -\sum_{j=i+1}^{p}\boldsymbol{A}_j(s_t)$$

值得注意的是，式（3-62）是在式（3-57）的基础之上进一步考虑了变量间存在分数阶协整关系，同时考虑了协整关系的结构性变化。事实上，目前已有的几种误差修正模型都是式（3-62）（即 MS-FCVAR）的特殊情形。其一，当式（3-62）中所有参数都是恒定的常数且差分阶数时，它将退化为式（3-21）（即 VECM）；其二，当式（3-62）中的所有参数都是常数时，它将退化为式（3-48）（即 FCVAR）；其三，当式（3-62）中差分阶数 $d=1$ 时，它将退化为 MS-VECM，即：

$$\Delta y_t = c(s_t) + \alpha(s_t)\beta'(s_t)x_{t-1} + \sum_{i=1}^{p-1}\Gamma_i(s_t)\Delta x_{t-i} + D(s_t)\varepsilon_t$$

同样地，结合多变量 BN 分解法与 KPSW 分解法，利用 MS-FCVAR 模型即式（3-62）也可以将分数阶的非平稳过程 Y_t 分解为长期趋势成分与周期成分。具体而言，当 Y_t 处于状态 $k(k=1, 2, \cdots, m)$ 时，即当 $\tau_{k-1} < t \leqslant \tau_k$ 时，式（3-62）中的所有参数都是确定的常数，因此，根据第3.4节中介绍的基于 FCVAR 模型的趋势与周期分解方法便可得到各个状态下的趋势与周期成分[①]。

3.6　本章小结

本章首先回顾了适用于 $I(1)$ 过程的常用趋势与周期分解方法：单变量方法包括 BN 分解法、UC 模型分解法、PW 分解法，多变量方法包括 KPSW 分解法、GG 分解法；并详细阐述了各方法之间的区别与联系，以及它们各自的优势与局限性。这些方法正是本书提出股票市场时间序列的趋势与周期分解方法的基础。大量实证研究表明，股票市场时间序列通常表现出长记忆性，因此这一类非平稳序列并不是严格的 $I(1)$ 过程，它们是分数阶差分平稳过程，也就是 $I(d)$ 过程，其中 d 为分数。

本章针对 $I(d)$ 过程提出的单变量方法包括两种，一种是基于 ARFIMA 模型的趋势周期分解，该方法的分解思路主要借鉴了 Newbold（1990）针对 BN 方法提出的精确算法。另一种是进一步考虑了随机冲击持久效应的趋势周期

[①] 一般而言，结构性变化是偶然发生的小概率事件，变量停留在各个状态的时间不会太短，因此对各个状态分别进行趋势与周期分解也是可行的。

分解，这种持久效应通常可以用 GARCH 模型进行刻画。但考虑到我国股市作为一个典型的新兴市场，过去30多年曾经历了数次重大制度改革和外生性冲击，这种背景下的股市容易发生结构性变化。因此，本章在常用的 GARCH 模型中进一步考虑这种结构性变化所带来的影响，从而提出存在对称阈值的 ARFIMA-STGARCH 模型及其趋势与周期分解。

本章针对 $I(d)$ 过程提出的多变量方法也包括两种，一种是基于 FCVAR 模型的趋势与周期分解方法，该方法可以看作是 KPSW 方法从 $I(1)$ 向 $I(d)$ 过程的推广。另一种方法是在多变量情形下考虑了各变量及其协整关系的结构性变化。刻画这种结构性变化的方式有很多，本书选择在 FCVAR 模型中引入马尔科夫机制转换结构，从而提出了 MS-FCVAR 模型，并介绍了该模型的估计方法及变量的趋势与周期分解。

第4章 我国股市的长期趋势与宏观经济基本面

自从 Fama 等（1988）发现股票价格存在均值回复现象，并将这一现象解释为股价中存在暂时偏离其长期趋势的周期成分以来，识别和衡量股价的长期成分以及周期性偏离程度成了备受关注的问题之一。正如前文第2章所分析的那样，我国股市也存在与发达市场类似的均值回复现象，并且在某种程度上与宏观经济基本面存在关联性。因此，本章主要关注我国股市的长期趋势成分及其宏观经济基本面影响因素。首先，基于定价模型从理论层面探寻哪些基本面因素是影响我国股价运行趋势的主要因素；其次，从实证层面探寻股价与基本面因素之间的长期均衡关系及其演变；最后，进一步在多变量协整系统中分离出股价及基本面因素之间的共同长期趋势，从而进一步判断股价与各经济变量之间的关联程度，并解释我国股市长期运行趋势的基本特征及其关键影响因素。

4.1 股价与经济基本面之间关系的理论模型

CCAPM 涉及与消费边际效用相关的定价问题，是从跨期优化的角度解释资产收益变化的首要理论。尽管如此，CCAPM 在解释资产价格的实证研究中仍面临着一些挑战。例如，消费边际效用的变化不足以解释超额收益的平均水平，也就是所谓的股权溢价之谜（Mehra et al., 1985）；消费增长率对不同类别资产的超额收益几乎没有任何截面解释能力（Mankiw et al., 1986）；从短窗口回归中估计的风险溢价与贝塔系数之间的协方差太小，不足以解释较大的无条件定价误差（Lewellen et al.，2006）等。为了进一步提高模型的解释力，学者们对此展开了广泛的讨论，并对经典 CCAPM 提出了各种改进。例如 Constantinides（1990）将消费偏好的时间可分性约束放宽至消费习惯的持续性，以解释理性预期下的股权溢价之谜。Bakshi 等（1996）将财富偏好引入递归效用函数得到基于消费和财富的资产定价模型，并解释了无风险利率之谜（Weil，1989）。Bansal 等（2004）假设消费和红利增长率中包含一个具有持久效应的预期增长率成分和一个条件波动成分，提出长期风险模型用来解释上述定价之谜。还有另一种思路是，企业的生产对消费会产生直接影响，最终会影响资产定价。因此，从生产层面入手对 CCAPM 进行改进，可以大大提高模型的定价能力。Balvers 等（2007）利用边际替代率和边际转化率之间的随机联系，将基于消费的定价核替换为基于生产的定价核，成功地解释了截面收益率的差异性。Balvers 等（1990）、Cecchetti 等（1990）认为，由于总产出与总消费通常成一定比例，而且人们可以在观察到的产出水平上评估消费的边际效用，因此，总产出增长能够成为关键的资产定价因素。

本章在一个单部门生产经济中考虑代表性家庭的效用最大化问题，从而建立一个能够体现股价与宏观经济基本面之间关系的简单定价模型。代表性企业雇佣劳动力并租用资本，假设该企业有标准的柯布 - 道格拉斯生产函数，即：

$$Y_t = K_t^{\alpha}\left(A_t H_t\right)^{1-\alpha} \tag{4-1}$$

式中，K_t、H_t 分别表示 t 时期的资本投入和劳动力投入，$\alpha \in (0,1)$ 为资本的产出份额。A_t 表示 t 时期的生产力水平，并假设它包含了一个外生性冲击来源 $\varepsilon_{a,t}$，$E(\varepsilon_{a,t}) = 1$。A_t 的具体演化方式如下：

$$\ln A_{t+1} = \mu + \ln A_t + \ln \varepsilon_{a,t+1}, \ \ln \varepsilon_{a,t} \sim i.i.N\left(-\sigma_a^2/2, \sigma_a^2\right) \tag{4-2}$$

式中，$\mu \geqslant 0$ 衡量了生产力水平的平均增长率，$\sigma_a > 0$ 衡量了技术增长的标准差。

借鉴 Cochrane（1991）所采用的考虑了折旧和调整成本的资本累积方程：

$$K_{t+1} = (1-\delta)\left[K_t + \left(1 - \frac{\phi}{2}\frac{I_t^2}{K_t^2}\right)I_t\right] \tag{4-3}$$

式中，I_t 表示 t 时期的投资，$\delta \in (0,1)$ 为折旧率，ϕ 为调整成本参数。随着投资 - 资本比率的增加，将会有更大比例的投资损失，这也就是调整成本。

代表性家庭能够最大化自身效用，并对所有变量持有理性预期。假设代表性家庭在 t 时期的消费为 $C_t \geqslant 0$，劳动力投入为 $H_t \geqslant 0$，期末的资本存量 $K_{t+1} \geqslant 0$，其最大化目标为：

$$\max_{C_t, H_t, K_{t+1}} E_0 \left[\sum_{t=0}^{\infty} \beta^t \left(\ln C_t - H_t \right) \right] \tag{4-4}$$

另外，代表性家庭有如下的预算约束：

$$C_t + K_{t+1} P_t = W_t H_t + \left[K_t + \left(1 - \frac{\phi}{2} \frac{I_t^2}{K_t^2} \right) I_t \right] \left[(1-\delta) P_t + R_t \right] \tag{4-5}$$

式中，P_t 表示投资品的市场价格，由于股票是本书考虑的唯一投资品，因此 P_t 也代表了股票价格。W_t 为工资，R_t 表示代表性家庭通过将（单位）资本出租给企业而获得的租金。

假设家庭对未来的股票价格 P_{t+j} 持有理性预期，其察觉到的价格变化可以通过下列过程进行模拟，即：

$$\ln P_t = \ln P_{t-1} + \ln \gamma_t + \ln \varepsilon_{p,t}, \ \ln \varepsilon_{p,t} \sim i.i.N \left(-\frac{\sigma_p^2}{2}, \sigma_p^2 \right) \tag{4-6}$$

式中，$\ln \varepsilon_{p,t}$ 为价格增长中的暂时性冲击，$E(\varepsilon_{p,t}) = 1$；而 $\ln \gamma_t$ 则表示价格增长中具有持久效应的长期成分；该长期成分遵循下面的变化过程：

$$\ln \gamma_t = \ln \gamma_{t-1} + \ln \varepsilon_{\gamma,t}, \ \ln \varepsilon_{\gamma,t} \sim i.i.N \left(-\frac{\sigma_\gamma^2}{2}, \sigma_\gamma^2 \right) \tag{4-7}$$

式中，$\ln \varepsilon_{p,t}$、$\ln \varepsilon_{\gamma,t}$ 以及 $\ln \varepsilon_{a,t}$ 三个冲击之间相互独立。

代理人能够观察到历史的股票价格 $P_j (j = 0, 1, \cdots, t)$，如果要预测未来的价格 P_{t+1}，代理人必须根据历史信息估计价格增长的长期成分 $\ln \gamma_{t+1}$。基于历史价格信息，假设代理人对该长期成分有如下信念：

$$\ln \gamma_{t+1} \sim N(\ln m, \sigma^2) \tag{4-8}$$

从以上假设中不难得到代理人对股价增长的条件期望为：

$$E_t\left[P_{t+1}/P_t\right] = m \cdot \exp\left(\sigma^2/2\right) \tag{4-9}$$

求解上述模型，从代表性家庭的一阶条件中可以得到：

$$C_t = W_t \tag{4-10}$$

$$P_t = \beta E_t\left\{\frac{W_t}{W_{t+1}}\left[(1-\delta)P_{t+1} + R_{t+1}\right]\left(1+\phi\frac{I_{t+1}^3}{K_{t+1}^3}\right)\right\} \tag{4-11}$$

方程（4-10）源于本书对家庭效用的对数线性假设，它表明只要消费是一个平滑的过程，工资就会是平滑的。方程（4-11）表明，在其他条件不变的情形下，未来的股票价格预期的确会影响当前的股价。

从企业的一阶条件中可以得到

$$W_t = (1-\alpha)K_t^{\alpha}A_t^{1-\alpha}H_t^{-\alpha} = (1-\alpha)\frac{Y_t}{H_t} \tag{4-12}$$

$$R_t = \alpha K_t^{\alpha-1}\left(A_tH_t\right)^{1-\alpha}\left(1+\phi\frac{I_{t+1}^3}{K_{t+1}^3}\right)^{-1} = \alpha\frac{Y_t}{K_t\left(1+\phi\frac{I_{t+1}^3}{K_{t+1}^3}\right)} \tag{4-13}$$

式（4-12）和式（4-13）分别表明工资主要受劳均产出的影响，而单位资本的租金主要受资本生产率、投资 - 资本比率以及调整成本的影响。

结合式（4-10）和式（4-12），不难得到：

$$\frac{C_{t+1}}{C_t} = \left(\frac{K_{t+1}}{K_t}\right)^{\alpha}\left(\frac{A_{t+1}}{A_t}\right)^{1-\alpha}\left(\frac{H_{t+1}}{H_t}\right)^{-\alpha} \tag{4-14}$$

定义 $g_{C,t}$、$g_{K,t}$ 以及 $g_{H,t}$ 分别为消费、资本存量与劳动力投入的对数增长率，那么上式则意味着：

$$g_{C,t} = (1-\alpha)\mu + \alpha\left(g_{K,t} - g_{H,t}\right) + (1-\alpha)\ln\varepsilon_{\alpha,t} \tag{4-15}$$

式（4-14）及式（4-15）表明，消费的变化完全由生产力变化、劳动力投入变化以及资本积累动态所驱动。但由于生产力和劳动力冲击往往很小，而且资本积累是一个缓慢移动的过程，所以它能够刻画出我们所观察到的相对平滑的消费序列。即便式（4-4）稍微偏离精确的对数线性效用规范，情况也大致如此。

令 $\tilde{m} = m \cdot \exp\left(\sigma^2/2\right)$，那么式（4-9）意味着 $E_t\left[P_{t+1}\right] = \tilde{m}P_t$，进而从式（4-11）中可以推出股票价格满足下列方程（4-16），即：

$$P_t = \beta(1-\delta)\tilde{m}P_t E_t\left[\frac{W_t}{W_{t+1}}\left(1+\phi\frac{I_{t+1}^3}{K_{t+1}^3}\right)\right] + \beta E_t\left[\frac{W_t}{W_{t+1}}R_{t+1}\left(1+\phi\frac{I_{t+1}^3}{K_{t+1}^3}\right)\right] \quad （4-16）$$

根据式（4-12）与式（4-13），有：

$$\frac{R_{t+1}\left(1+\phi\dfrac{I_{t+1}^3}{K_{t+1}^3}\right)}{W_{t+1}} = \frac{\alpha Y_{t+1}/K_{t+1}}{(1-\alpha)Y_{t+1}/H_{t+1}} = \frac{\alpha}{1-\alpha}\frac{H_{t+1}}{K_{t+1}} \quad （4-17）$$

再将式（4-17）代入式（4-16），并进行简单的整理可得：

$$P_t = \frac{\dfrac{\alpha\beta}{1-\alpha}\dfrac{W_t H_{t+1}}{K_{t+1}}}{1-\beta(1-\delta)\tilde{m}E_t\left[\dfrac{W_t}{W_{t+1}}\left(1+\phi\dfrac{I_{t+1}^3}{K_{t+1}^3}\right)\right]} \quad （4-18）$$

再根据式（4-12）及式（4-2），式（4-18）可变为下列两种等价形式：

$$P_t = \frac{\alpha\beta\dfrac{H_{t+1}}{H_t}\dfrac{K_t}{K_{t+1}}\dfrac{Y_t}{K_t}}{1-\lambda\left(\dfrac{K_{t+1}}{K_t}\right)^{-\alpha}\left(\dfrac{H_{t+1}}{H_t}\right)^{\alpha}\left(1+\phi\dfrac{I_{t+1}^3}{K_{t+1}^3}\right)} \quad （4-19）$$

$$P_t = \frac{\alpha\beta\dfrac{H_{t+1}}{K_{t+1}}\left(\dfrac{K_t}{H_t}\right)^{\alpha}A_t^{1-\alpha}}{1-\lambda\left(\dfrac{K_{t+1}}{K_t}\right)^{-\alpha}\left(\dfrac{H_{t+1}}{H_t}\right)^{\alpha}\left(1+\phi\dfrac{I_{t+1}^3}{K_{t+1}^3}\right)} \quad （4-20）$$

式中，$\lambda = \beta(1-\delta)\tilde{m}\cdot\exp\left[(\alpha-1)\left(\mu+\dfrac{(\alpha-2)\sigma_a^2}{2}\right)\right]$。

从上述两个等价的等式（4-19）、（4-20）中可以发现，由于资本存量和劳动力投入的增长率随着时间的推移而缓慢变化[①]，因此股价动态主要受产出 - 资本比率 Y/K、投资 - 资本比率 I/K 以及生产力水平 A 的影响。

---

① 后面的实证结果也显示资本存量的变化与股价增长之间没有显著的相关性。

4.2　变量的选取与数据来源

根据上一节的理论模型分析，从经济基本面的角度来看，产出 - 资本比率 Y/K、投资 - 资本比率 I/K 以及生产力水平 A 是影响股价的主要因素。事实上这一结论并不令人意外，因为已有的许多相关研究中也得到了类似的结论。例如，Liu 等（2009）表明产出 - 资本比率和投资 - 资本比率是影响投资回报率的重要因素，然而在规模报酬不变的情况下，股票收益率等于杠杆投资回报率。陈国进等（2016）发现地方政府投资的增加正是通过产出 - 资本比率这一传导机制引起股权溢价的下降。Cochrane（1991）发现投资 - 资本比率是影响投资收益率和股票收益率的重要因素。Laitner 等（2003）普遍认为20世纪90年代美国生产率的加速增长增加了企业当前的和预期的现金流，促进了企业价值的增加，从而导致这一时期内的股票价格大幅上涨。即便如此，目前已有文献也只限于在各自的框架下单独分析其中某一因素对股票价格的影响机制，然而对于这些因素之间的相对重要性，以及在同一框架下它们之间的相互影响机制还有待进一步研究。又或者说，在某种程度上，它们的确会影响股价的动态变化，但从长期来看，这些因素对股价的冲击大小随时间会有何变化？哪些因素对股价有持续性的冲击？这正是本章中重点关注并试图解决的主要问题。

另外，前文第2章针对我国股市运行特征的分析中发现，股价增长与工业部门的产出增长之间存在显著关联性。PPI 和工业增加值都是衡量工业企业生产经营状况的重要指标，都能够反映出工业经济的活跃程度。相较而言，PPI 可能对股价指数有着更为直接的影响，因为它代表了工业企业的平均成本，揭示了我国大多数上市公司未来的盈利能力，会影响投资者对上市公司的利润预期，从而影响股价的涨跌（McQueen et al., 1993；Adams et al., 2004；张琳 等，2020；刘凤根 等，2020）。因此，本章将 PPI 作为衡量企业生产经营状况的指标纳入考虑范围。

综上所述，本章将选取股价指数、投资 - 资本比率、产出 - 资本比率、生产力水平以及 PPI 五个指标构建实证模型，在一个多变量协整系统中分析它们的运行动态以及它们之间的长期均衡关系，并分解其长期共同趋势和周期成分，进而分析各因素对股票价格的影响机制。

　　考虑到股票价格指数的年度样本量太少，而许多宏观经济指标的月度数据无法获取，故选择季度数据。股价指数选取最具代表性的上证综合指数的季度收盘价格序列[①]，记为 SSEC。产出用实际 GDP 来衡量。由于国家统计局没有公布1996年以前的 PPI 数据，因此本书选取的样本期为1996年第1季度至2020年第4季度。为了消除季节因素及单位的影响，将所有变量都转化为定基指数（2015年第3季度为100），再经过季节调整后取自然对数[②]。

　　最难衡量的指标是资本存量 K 和生产力水平 A。目前对于资本存量的测算主要采用简单的永续盘存法，即根据基期的资本存量、投资序列以及折旧率依次对往后各期的资本存量进行估算。虽然已有众多学者使用该方法对我国的资本存量做了测算，但他们得到的结果却存在较大差异。其主要原因在于：

　　首先，他们对投资序列的选取并不一致，主要有以下三种选择：一是物质产品平衡表体系下的"积累"指标，如贺菊煌（1992）等；二是固定资产投资序列，如黄勇峰等（2002）；三是固定资本形成额序列，如何枫（2003）等。张军等（2004）、单豪杰（2008）认为进入总量生产函数的资本投入应包括直接用于生产和提供各种物质产品和劳务的有形资产和无形资产，也包括为生活过程服务的各种服务及福利设施的资产，故认为选择固定资本形成额序列是一个较好的选择。沈利生等（2015）认为从投资到形成固定资本有一定的时滞，当期的投资未必全都在当期形成固定资本，把时滞考虑进去情况会变得很复杂；而固定资本形成中的固定资本都是在当期形成的，不存在时滞问题，可直

[①] 为了纳入更多的价格信息，作者也尝试过使用 60 个交易日的移动平均线或季度开盘价与收盘价的平均值替代季度收盘价进行实证分析，对比发现所得结论没有本质上的差异。

[②] 目前还没有充分的研究证据表明股价指数受季节因素影响，故此处只针对宏观经济变量做季节调整。

接加到资本存量上。因此，综合考虑数据的可得性与操作的可行性，本书选取扣除价格因素之后的固定资本形成额序列作为投资序列，也就是理论模型中的 I_t。在下面的实证中，为了与固定资产投资序列进行区分，故将其记为 GFCF。

其次，折旧率的设定对资本存量的估算结果也有很大的影响。已有文献在估算时所设定的折旧率差异巨大，小到5%以下，大到20%以上，大部分是在5%至12%之间。本书采取简单的折中方式，即选取在适当范围内的部分经典文献所设定的折旧率，然后取它们的平均值设定为本书的折旧率，具体参见表4-1。

表4-1　部分现有文献估算的1990年资本存量及年折旧率

	K（亿元，2015年价格）	δ
张军等（2004）	83 380.62	9.6%
郭庆旺等（2005）	95 005.28	5%
孙琳琳等（2005）	71 512.78	10.25%
单豪杰（2008）	78 651.64	10.96%
万东华（2009）	99 934.27	7.3%
徐杰等（2010）	76 790.44	8.84%
古明明等（2012）	96 793.81	5.75%
沈利生等（2015）	113 397.33	4.81%
陈昌兵（2014）	108 603.63	5.65%
平均值	91 563.31	7.57%

注：根据固定资本形成价格指数将1990年的资本存量统一换算为2015年的价格。

最后，由于选取的基期不同，得到的估算结果当然也会不同。现有文献通常采取1952年或1978年作为基期。考虑到本书重点关注的是变量的运行趋势，并不太关注其绝对大小，故而基期的选取并不会给最后的实证结果带来显著影响。因此，为了简便起见，本书从部分已有文献中搜集其估算的1990年资本存量，并根据固定资产形成价格指数[①]将其统一换算为2015年的价格，再取

[①] 数据来源：Chang 等（2016）。

平均值作为本书的基期资本存量，具体参见表4-1。

确定了基期资本存量、折旧率以及投资序列，则可以根据永续盘存法估算各期的资本存量。资本存量也同其他变量一样使用季度数据，因此将年折旧率除以4作为季折旧率，并结合季度 GFCF 序列，从而得到季度资本存量序列，记为 K。

本书将全要素生产率作为生产力水平 A 的代理指标。针对宏观层面的全要素生产率，其测算方法主要包括索洛余值法、随机前沿生产函数法以及以隐形变量法和潜在产出法为例的经济计量方法等。索洛余值法是以新古典增长理论为基础，通过从产出增长率中扣除各投入要素增长率后的残差来测算全要素增长率。该方法虽然较为粗糙，但测算出的结果能够较为准确地体现全要素生产率的变化趋势，并且估算过程相对简便，需要考虑的因素较少，因此本书也采用该方法对 A 进行估算。具体估算过程如下：

基于如式（4-1）所示的生产函数，两边同时取自然对数得到：

$$\ln\left(\frac{Y_t}{H_t}\right) = \alpha \ln\left(\frac{K_t}{H_t}\right) + (1-\alpha)\ln A + \varepsilon_t \qquad (4\text{-}21)$$

然后利用带约束的最小二乘回归，得到产出中的资本份额 α 的估计值，代入式（4-1）便可估算出全要素生产率序列。其中产出 Y_t 用实际 GDP 代替，劳动力投入 H_t 用就业人口数衡量，资本存量 K_t 按前文所述的永续盘存法所得。

至此，本书就确定了进入协整系统的所有变量，它们分别是股价指数（SSEC）、投资 - 资本比率（GFCF/K）、产出 - 资本比率（GDP/K）、生产率（A）以及生产者价格指数（PPI）。图4-1绘制了这些变量在整个样本期内的对数序列图（2015年第3季度为 $\ln 100$）。

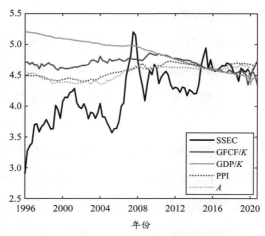

图4-1　各变量的原始对数序列

4.3　计量方法及实证结果分析

4.3.1　计量方法

基于本章前两节的分析，确定了影响股价运行动态的5个宏观经济基本面因素。针对这5个序列及其差分序列的平稳性检验结果显示（见表4-2），在不考虑结构性变化的情况下，所有变量都是单位根过程，而它们的差分序列都是平稳过程。若考虑结构性变化的存在，针对 SSEC、PPI、A 的 ADF 检验与 KPSS 检验结果则相互矛盾，但对于所有的差分序列，有无结构性变化的检验结果都显示为平稳过程。进一步，利用修正的对数周期图法和完全扩展的局部 Whittle 法（Abadir et al.，2007）估计5个变量的长记忆参数 d，结果显示原序列或差分序列的参数 d 基本上都显著不等于1或显著不等于0，表明原序列为分数阶差分平稳过程。另外，初步的迹检验和最大值检验结果表明协整秩为2[①]。因此，计量方法上首选第3章中介绍的分数阶协整模型以及适用于分数阶协整系统的趋势周期分解方法。

[①]　实证部分根据 Johansen 等（2012）针对分数阶协整而提出的检验方法最终确定协整秩亦为 2。

表4-2 平稳性检验及长记忆参数估计

	ADF	KPSS	ADF_1B	KPSS_1B	MGPH(d)	FELW(d)
SSEC	−3.13	0.93***	−4.68*	0.20*	1.14**	1.10*
ΔSSEC	−8.78***	0.10	−8.96***	0.08	0.15**	0.09*
GFCF/K	0.60	0.27***	−1.45	0.27*	0.81***	0.77***
ΔGFCF/K	−5.11***	0.30	−11.26***	0.04	−0.18***	0.22***
GDP/K	−1.60	1.19***	−2.83	0.20*	0.81***	1.01
ΔGDP/K	−14.70***	0.15	−15.57***	0.04	−0.18***	0.01
PPI	−2.46	0.96***	−3.63	0.08	1.12*	1.11*
ΔPPI	−5.32***	0.11	−5.87***	0.04	0.13*	0.10*
A	−2.60	0.83***	−5.23**	0.17*	1.24**	1.16**
ΔA	−14.86***	0.17	−15.16***	0.08	0.25**	0.15**

注：SSEC、GFCF、K、A 分别表示上证指数、固定资本形成额、资本存量、生产率。Δ 表示 1 阶差分序列。ADF_1B、KPSS_1B 分别表示存在一个结构性变化点的 ADF 检验、KPSS 检验。表中所有单位根检验都假设原序列包含常数项和线性趋势项，而差分序列只含常数项，滞后阶数或带宽根据 SIC 或 Newey-West 法自动选择。MGPH(d)、FELW(d) 分别表示利用修正的对数周期图法、完全扩展的局部 Whittle 法估计的长记忆参数值。*、**、*** 分别表示在 10%、5%、1% 的水平下显著。

通过初步观察5个变量的运行趋势发现，如图4-1所示，SSEC 的整体趋势为缓慢上升并伴随着剧烈波动、经历过数次暴涨暴跌的过程。GFCF/K、PPI 以及 A 在样本前半段大致呈缓慢上升趋势、后半段增长缓慢甚至呈小幅下降趋势。GDP/K 的波动最小且始终呈下降趋势，后半段甚至比前半段下降得更快。这表明这些变量的运行趋势中可能存在结构性变化。正如国内大量研究所表明的那样，从经济发展进程来看，我国在2008—2012年出现了经济增长的减速换挡或进入经济"新常态"，这是改革开放以来我国经济增长和经济结构调整过程最重要的一次变化（郭克莎，2016；林建浩 等，2016；王少平 等，2017）。出于这一考虑，首先对单个变量建立简单的分数阶自回归模型，并利用 Bai 等（1998）的检验方法判断回归系数是否存在结构性变化。检验结果如表4-3所

示：所有变量都存在结构性变化点；其中 BIC 判断出结构性变化点个数都为1，并且发生的时间点在2005—2011年；而 supF$(x+1|x)$ 统计量显示除 GFCF/K 以外的其他4个变量都存在2个结构性变化点。考虑到样本长度有限，本书约束该协整模型中系数的结构性变化点个数为1。

表4-3　结构性变化检验结果

	UD$_{max}$	WD$_{max}$	supF(1|0)	supF(2|1)	supF(3|2)	BIC	95%CI
SSEC	13.21**	15.54**	13.21***	21.61***	3.46	1	2005Q4~2008Q1
GFCF/K	12.72**	14.31*	12.72**	5.83	7.14	1	2007Q1~2009Q4
GDP/K	42.12***	65.23***	12.00**	16.47***	9.37	1	2005Q4~2008Q2
PPI	19.27***	25.12***	19.27***	20.57***	8.39	1	2007Q3~2011Q2
A	11.61*	21.62***	11.61*	12.83**	2.73	1	2005Q2~2008Q1

　　注：UD$_{max}$、WD$_{max}$ 分别是 Bai 等（1998）提出的等权、加权双重最大值检验（H0：不存在结构性变化点；H1：存在结构性变化点）。supF$(x+1|x)$ 是 Bai 等（1998）提出的用于检验结构性变化点个数的统计量（H0：存在 x 个结构性变化点；H1：存在 $x+1$ 个结构性变化点）。BIC 为 Bayesian 信息准则。95%CI 表示基于 BIC 估计的结构性变化时间点的 95% 置信区间。*、**、*** 分别表示在 10%、5%、1% 的水平下显著。

　　综上所述，根据变量自身的特征以及我国股市与宏观经济的特征事实，最终选择既能容纳结构性变化又考虑了分数阶协整的 MS-FCVAR 模型，即式（3-62）。其中，根据 AIC 信息准则选择模型的滞后阶数为3，根据 Johansen 等（2012）的检验方法确定协整秩为2，模型中马氏链的状态数被约束为2。

4.3.2　实证结果分析

　　利用第3.4节介绍的 FCVAR 模型及其估计方法得到协整向量、长记忆参数以及结构性变化点的估计值如表4-4所示。其中，识别的结构性变化点在2007年第4季度，这一时间点正好是上证指数历史最高点，也是我国股票市场同时遭遇美国次贷危机蔓延、全球经济衰退、市场融资规模扩大以及国内货币紧缩政策升级等多重重大冲击的时刻，同时也是我国经济减速换挡、逐步转向"新常态"的重要转折点。从长期协整关系来看，2007年第4季度之前，只有 A

的系数显著为负，其他4个变量的系数都显著为正。这意味着这5个影响因素中，只有生产率的提升会促进股价的上涨，而投资 - 资本比率、产出 - 资本比率以及 PPI 的增加都会抑制股价的上涨。2007年第4季度之后，GFCF/K 以及 PPI 的系数仍然显著为正，A 的系数仍然显著为负，而且其绝对值都变大了，但 GDP/K 的系数由正转为负。这意味着在这一阶段中，生产率的提升对股价仍然起到了促进作用，投资 - 资本比率、PPI 对股价仍然起抑制作用，而且这种促进或抑制作用进一步加强了；与前一阶段不同的是，随着产出 - 资本比率的提升，股价也会随之上涨。但是，相较而言，生产率给股价带来的正向影响还是远大于产出 - 资本比率。

表4-4　长期协整关系 [①]

	状态 1		状态 2	
SSEC	1	1	1	1
GFCF/K	0	0.76[**](0.42)	0	3.21[***](0.37)
GDP/K	0.95[***](0.13)	0	−0.31[***](0.06)	0
PPI	0	0.32[***](0.08)	0	0.44[***](0.13)
A	−0.67[***](0.10)	0	−1.63[***](0.49)	0
d	0.936 (0.043)			
结构性变化点	2007 年第 4 季度			

注：d 表示协整系统的分数阶差分阶数；采用 Johansen 等（2012）的方法确定协整秩为 2。圆括号中为标准差，**、*** 分别表示在 5%、1% 的水平下显著。

从长期来看，随着投资 - 资本比率的提高，由于刚性调整成本的存在，投资收益率会有所下降，投资收益率的下降会带动股票收益率的下降，从而会抑制股价的上涨。Cochrane（1991）、Zhang（2006）等也得到了类似的结论。另外，较高的 PPI 会抑制未来产品的需求，从而降低股票未来的现金流，所以也会导致股票价格的下降。张琳等（2020）、刘凤根等（2020）也发现了我国股价与

---

① 两个协整方程分别为 SSEC + β_{13}·GDP/K + β_{15}·A = ε_1、SSEC + β_{22}·GFCF/K + β_{24}·PPI = ε_2。

PPI 之间的这种负相关性。致力于研究我国宏观经济周期的大多数学者发现，在2008年至2012年左右，我国经济增长进入了结构性减速通道。在此之前，推动我国经济增长最主要的引擎是投资；然而，步入经济"新常态"以后，消费逐步取代投资成为经济增长的主要拉动力。投资可以在短期内快速推动经济发展，但从长期来看反而不利于经济增长的稳定性和可持续性，从而也不利于股票市场的健康发展。因此，在发生结构性变化之前，产出 - 资本比率与股价指数之间呈现出负向关系。发生结构性变化之后，由消费拉动的经济增长给资本市场的发展提供了较好的经济环境。消费是企业生产的最终目的，也是提高企业利润率的主要动力；由于财富效应的存在，股价的上涨也会进一步带动消费。因此，由消费拉动的产出 - 资本比率的上升与股价增长之间起到了相互促进的作用。技术创新的重大进步、生产率的不断提升，一方面会增加企业当前的现金流，另一方面也会增加投资者对企业未来发展前景的信心，从而促进了企业价值的增加，导致股票价格上涨。因此，从长期来看，生产率与股价之间呈现出正相关关系。自2007年第4季度以来，我国投资增速较前期有所放缓，在由消费拉动的经济增长的促进作用下，股价指数与投资之间的负向关系进一步加强。消费相对于投资而言，增长更为稳定，对经济的拉动更为缓慢，这使得股价的增长更加依赖于生产率的提高来得以补偿，因此股价与生产率之间的正向关系进一步增强。综上所述，如表4-4所示的考虑了结构性变化的长期协整关系，既符合经济学逻辑，又拓展了现有相关研究的发现，对解释我国股市运行特征提供了重要的参考价值。

　　进一步，基于 MS-FCVAR 模型对上述5变量协整系统进行趋势周期分解[①]。分解得到的长期趋势成分如图4-2所示、周期成分如图4-3所示。正如前两章所介绍的那样，长期趋势成分又可以进一步分为确定性趋势与共同随机性趋势。确定性趋势完全由股票市场或宏观经济变量的内部力量所驱动，而随机性趋势通过变量之间的冲击传导作用而形成。协整秩为2，意味着5个变量中存在3个

---

① 基于 MS-FCVAR 模型的趋势与周期分解方法的详细介绍见前文第 3.5 节。

共同随机性趋势。如图4-4所示，SSEC 与 A 之间存在一个共同趋势，GFCF/K 与 PPI 有一个共同趋势，而 GDP/K 呈现了一个单独的趋势。这正好与前文的长期协整关系相呼应：长期来看，股价指数与生产率之间呈正向关系，它们拥有共同的长期趋势；投资-资本比率、PPI 都与股价指数呈反向关系；而产出-资本比率对股价指数的影响表现出不确定性，在2007年第4季度前后发生了结构性变化。从图4-2的长期趋势成分中可以看出，在2007年第4季度之前，生产率呈缓慢上升趋势，股价指数在这段时期也以增长趋势为主；2007年第4季度之后，生产率增长非常缓慢，甚至呈小幅下降趋势，产出-资本比率也呈缓慢下降趋势，在这两个因素的双重影响下，股价指数的长期趋势也呈现出滞涨状态。从图4-3的周期成分中可以看出，投资-资本比率与产出-资本比率在整个样本期间几乎都保持着同一变化趋势，这进一步表明投资是影响产出最主要的暂时性因素。股价指数的周期成分波动非常巨大，并且在大多数时期都反向偏离其长期趋势。值得注意的是，除了大幅波动这一主要特征以外，股价指数的周期成分似乎与其他四个变量的周期变化存在较大差异。换言之，股价指数的长期趋势主要受生产率影响，并且在不同的经济发展阶段，可能在一定程度上会受到产出-资本比率的影响。但是，其周期成分或许并不能用上述宏观经济基本面因素进行充分解释。针对这一问题，本书将在下一章进行详细分析。

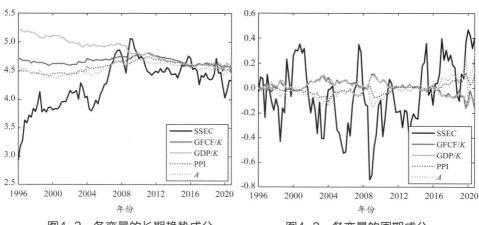

图4-2　各变量的长期趋势成分　　　　图4-3　各变量的周期成分

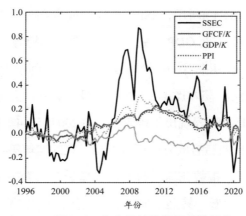

图4-4　各变量的随机性趋势成分

　　为了进一步验证上述结论，本书对股票收益率与经济基本面因素的增长趋势之间进行了相关性检验（如表4-5所示）。从 SSEC 季度收益率序列来看，它与协整系统中其他4个变量的长期趋势增长序列之间都在5% 的置信水平下显著正相关，与 GDP 增长序列在10% 的置信水平下正相关，而与其他宏观经济变量的增长序列之间都没有显著的相关性。从 SSEC 超额收益率序列来看[①]，其结论与季度收益率序列基本类似。这表明未分解的股票（超额）收益率与宏观经济变量之间仅存在微弱的相关性。然而，从 SSEC 的长期成分增长序列来看，它与 GFCF/K 以及 PPI 的长期增长趋势之间的相关性不显著，同样与 K 的增长序列的相关性也不显著；但它与表中其他宏观经济变量之间的相关性明显增强了，其中与生产率长期趋势增长率之间的相关系数最高，高达0.85。如此看来，尽管股价指数本身的增长趋势与宏观经济变量之间的相关性非常微弱，但其长期趋势成分与宏观经济基本面因素紧密相关。而且，从长期来看，生产率与股价指数之间存在着高度关联性。因此进一步表明，股价的长期趋势成分主要取决于宏观经济基本面因素，并且生产率是影响股价长期趋势的关键因素。

---

① 这里的超额收益率等于 SSEC 的季度收益率减去 3 个月国债发行利率。

表4-5 各变量增长序列之间的相关性检验

		SSEC 季度收益率	SSEC 超额收益率	SSEC 长期成分增长率
GDP 增长率		0.173 (0.087)	0.207 (0.040)	0.242 (0.016)
C 增长率		0.134 (0.186)	0.157 (0.122)	0.286 (0.004)
I 增长率		0.020 (0.842)	0.028 (0.782)	0.299 (0.003)
M2 增长率		0.155 (0.126)	0.136 (0.178)	0.315 (0.002)
K 增长率		0.025 (0.809)	0.004 (0.969)	0.089 (0.381)
GFCF 增长率		0.013 (0.898)	0.035 (0.731)	0.346 (0.001)
PPI 增长率		−0.079 (0.435)	−0.098 (0.333)	−0.467 (0.000)
A 增长率		0.138 (0.173)	0.162 (0.109)	0.306 (0.002)
协整系统长期成分增长率	GFCF/K	0.233 (0.020)	0.236 (0.019)	−0.156 (0.122)
	GDP/K	0.526 (0.000)	0.506 (0.000)	−0.314 (0.002)
	PPI	0.385 (0.000)	0.384 (0.000)	−0.124 (0.223)
	A	0.366 (0.021)	0.408 (0.001)	0.853 (0.000)

注：圆括号外为 Pearson 相关系数，圆括号内为相应相关系数的 p 值。

从图4-5的脉冲响应图中也能得到类似的结论。来自股价指数的冲击，对宏观经济变量几乎没有影响，只对股价本身有暂时性的冲击。投资－资本比率在短期内对股价会有一定的正向冲击，但影响非常小。PPI 冲击对股价指数有一定的负向影响。产出－资本比率与生产率对股价都有较大的正向冲击，其中产出－资本比率对股价的冲击随着时间的推移有所减弱，而生产率冲击对股票价格的影响最大，并且具有高度持续性。

由此看来，在过去的几十年里，我国股价指数的长期低迷与宏观经济指标的良好走势之间呈现出一种相互背离的态势[1]，其主要原因在于生产率增速缓慢。在由投资拉动的经济高速增长的环境下，一些上市公司由于技术水平低下导致业绩成长滞后，企业价值的增长在相当程度上低于宏观经济的增长水

---

[1] 根据第 2.3 节的分析，从增长速度、增长幅度来看，我国股价指数的确与宏观经济变量之间呈相互背离态势。

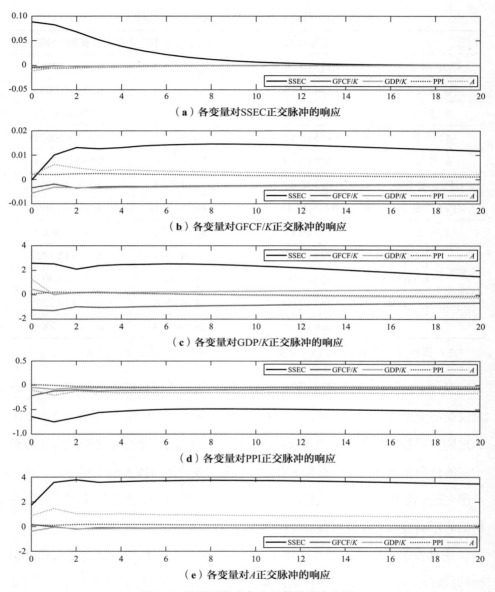

（a）各变量对SSEC正交脉冲的响应

（b）各变量对GFCF/K正交脉冲的响应

（c）各变量对GDP/K正交脉冲的响应

（d）各变量对PPI正交脉冲的响应

（e）各变量对A正交脉冲的响应

图4-5　协整系统中各变量的脉冲响应图

平，从而导致了股价与经济增长相背离的异象。已有相关研究只是从变量本身出发去探究股市与宏观经济之间的关联性，得到的大部分结论是它们之间没有相关性，或者是非常微弱的相关性。本书的结论与他们的结论虽有不谋而合之处，但更重要的是，本书从更深层次的角度出发，不仅关注变量本身之间的相关性，更关注变量间的长期与短期动态关系及其相互影响机制，从而得到了一些不同于已有文献的新发现。也就是说，从长期趋势层面来看，发现了股价与宏观经济基本面因素之间存在着非常紧密的关联性，其中影响股价最关键的因素就是生产率，其次是产出 - 资本比率；但产出 - 资本比率在不同的经济发展阶段对股价的影响会有所不同，这取决于拉动经济增长的主要动力是投资还是消费，因此具有不确定性。然而从短期来看，股价波动与宏观经济基本面因素的波动之间存在较大差异。

4.4　本章小结

本章主要关注我国股市的长期趋势及其宏观经济基本面影响因素。一方面，基于简单的定价模型从理论层面探寻哪些宏观经济因素是影响我国股价运行趋势的主要因素；另一方面，从实证层面探寻股价与经济基本面因素之间的长期关系及其结构性变化；并进一步在考虑了结构性变化的多变量协整系统中分离出股价及基本面因素之间的共同长期趋势，从而判断股价与各经济变量之间的关联程度，并解释我国股市长期运行趋势的基本特征及其关键影响因素。

理论上，在一个单部门生产经济中考虑代表性家庭的效用最大化问题，从而建立一个能够体现股价与宏观经济基本面之间关系的简单定价模型。根据理论模型分析结果，从宏观经济基本面的角度来看，产出 - 资本比率、投资 - 资本比率以及生产力水平是影响股价的主要因素。

实证上，结合现有文献的实证结论、本章理论模型的分析结果以及变量间的协整检验，建立一个包括股价指数、投资 - 资本比率、产出 - 资本比率、生产力水平以及 PPI 的五变量协整系统。相关检验表明，它们都是分数阶的非平稳过程，并且包含了结构性变化点。因此，从计量方法上，本章选取既能容纳结构性变化又考虑了分数阶协整的 MS-FCVAR 模型及其趋势周期分解方法。实证结果表明：

其一，在2007年第4季度前后，变量间的长期协整关系发生了结构性变化。在结构性变化之前，生产率的提升会促进股价的上涨，而投资 - 资本比率、产出 - 资本比率以及 PPI 的增加都会抑制股价的上涨。在结构性变化之后，生产率的提升对股价的促进作用进一步加强，投资 - 资本比率、PPI 对股价仍然起抑制作用，但产出 - 资本比率对股价的影响由负转为正，其主要原因是拉动产出增长的动力发生了转变。

其二，股价指数与生产率之间存在着共同趋势，但与所有变量都不存在共同周期。也就是说，从长期趋势来看，股价与宏观经济因素之间存在着非常紧密的关联性，其中最关键的因素是生产率。另外，产出 - 资本比率在不同的经济发展阶段对股价的影响有所不同，这取决于拉动经济增长的主要动力是投资还是消费。从周期成分来看，股价波动与宏观经济波动之间存在较大差异，股价与宏观经济变量之间几乎没有关联性。

第5章　我国股市的周期波动与投资者预期

　　上一章，本书对股价及4个宏观经济变量所构成的协整系统进行了趋势与周期分解，并找到了 SSEC 长期趋势成分与宏观经济变量紧密相关的证据。但是，分解得到的 SSEC 周期波动与4个经济变量的周期波动似乎存在较大差异。本章重点关注我国股价指数的周期成分及其影响因素。行为金融学研究领域普遍认为 [①]，股价的异常波动，尤其是短期内股价的变化，主要受投资者的情绪、非理性预期、过度反应等投资者行为因素影响。因此，关注投资者行为对股价的影响是分析股价周期性波动、合理地对股票进行定价以及准确地做出预测的必要前提。总的来说，宏观经济信息、财经媒体新闻的发布以及过去的股价涨跌情况等影响投资者情绪并引起过度反应的各种冲击，最终都是通过改变投资者对未来股价的预期来影响投资行为。并且，由于市场效率低下，这种预期通常表现为非理性。因此，本章在上一章的定价模型中进一步考虑投资者的非理性预期，从而改进模型的定价能力，以匹配并解释股价的周期波动特征。

5.1　考虑生产率长期风险与投资者外推预期的定价模型

　　根据第4章的实证分析发现，生产率及其长期成分是影响股票价格长期趋势的关键因素。Croce（2014）曾指出，经典的长期风险模型（Bansal et al.，2004）中消费增长和分红增长的长期风险都来源于生产率增长的长期风险；同时，他通过在 PCAPM 中引入生产率长期风险，发现生产率增长的条件均值是

---

① 例如 Lasfer 等（2003）、Otchere 等（2003）、Zhang（2006）等。

股价的重要决定因素。因此，本节首先在第4章的简单定价模型中引入生产率长期风险。

假设代表性企业的生产函数仍为：

$$Y_t = K_t^\alpha \left(A_t H_t \right)^{1-\alpha} \tag{5-1}$$

式中，A_t 表示 t 时期的生产力水平，并假设它包含了一个长期增长风险 x_t 和外生性冲击 $\varepsilon_{a,t}$，其具体演化方式如下：

$$\ln A_{t+1} = \ln A_t + \ln x_t + \ln \varepsilon_{a,t+1}, \ \ln \varepsilon_{a,t} \sim i.i.N\left(-\frac{\sigma_a^2}{2}, \sigma_a^2 \right) \tag{5-2}$$

式中，$\ln \varepsilon_{a,t+1}$ 代表生产率增长的短期风险，而 $\ln x_t$ 正是 A_t 的增长率的长期风险成分，假设它遵循如下的 AR(1) 过程：

$$\ln x_t = \rho \ln x_{t-1} + \ln \varepsilon_{x,t}, \ \ln \varepsilon_{x,t} \sim i.i.N\left(-\frac{\sigma_x^2}{2}, \sigma_x^2 \right) \tag{5-3}$$

参数 ρ 同时决定了生产率增长中长期冲击的大小与持久性程度，$\ln \varepsilon_{a,t}$ 与 $\ln \varepsilon_{x,t}$ 之间相互独立。从式（5-2）可以发现 x_t 就是生产率增长的条件均值，即：

$$E_t\left[A_{t+1} / A_t \right] = x_t \tag{5-4}$$

考虑了折旧和调整成本的资本累积方程、代表性家庭的最大化效用目标及其预算约束同方程（4-3）、（4-4）及（4-5）保持一致。不过，此时的代表性家庭在最大化其自身效用时，假设他们是内部理性的（Adam et al., 2011），即他们能够最大化自身效用，但并不一定对超出控制范围的所有变量持有理性预期。正如2006年下半年至2007年上半年期间，我国股市经历了历史上涨幅最大、涨速最快的极度繁荣时期，从经验丰富的资深股民到从未涉足股市的普通大众都纷纷加入股市，因为股价的不断上涨让他们觉得接下来的股市还会再攀新高。然而，从2007年年底开始，由于一些出乎意料的外部冲击，股价从最高点开始坠落，投资者对未来的股价不再抱有信心，在悲观情绪和对未来股价的消极预期作用下，投资者纷纷抛售手中的股票，股价持续快速下滑、股市崩盘，这也是我国股市历史上跌幅最大、跌速最快的一段时期。这表明，投资者会根据过去几期的股价涨跌情况去推断即将到来的股市行情。正如 De Bondt(1993)

所提到的那样，个体投资者对未来股价的预测满足一种简单的趋势跟踪机制。受积极或消极情绪的影响，投资者往往会抱有一种非理性的外推预期[①]，从而做出一些非理性的投资决策。换言之，投资者的交易行为似乎反映了对过去股价的一种外推。自然而然，这种非理性的外推预期也会影响到股票价格。

假设代表性家庭对未来的股票价格 P_{t+j} 持有非理性的主观预期，而对其他变量持有完全理性预期。借鉴 Hirshleifer 等（2015）、Adam 等（2017）的做法，假设代理人察觉到的股票价格变化可以通过下列模型进行模拟，即：

$$\ln P_t = \ln P_{t-1} + \ln \gamma_t + \ln \varepsilon_{p,t}, \ \ln \varepsilon_{p,t} \sim i.i.N\left(-\frac{\sigma_p^2}{2}, \sigma_p^2\right) \tag{5-5}$$

式中，$\ln \varepsilon_{p,t}$ 为价格增长中的暂时性冲击，而 $\ln \gamma_t$ 则表示价格增长中具有持久效应的长期成分。"牛市"中，股票价格持续上涨，则 $\ln \gamma_t > 0$；反之，在"熊市"中，股票持续下跌，则 $\ln \gamma_t < 0$，这符合中国股票市场存在典型"牛市"或"熊市"的市场特征。进一步假设该长期成分遵循下面的自回归过程：

$$\ln \gamma_t = \ln \gamma_{t-1} + \ln \varepsilon_{\gamma,t}, \ \ln \varepsilon_{\gamma,t} \sim i.i.N\left(-\frac{\sigma_\gamma^2}{2}, \sigma_\gamma^2\right) \tag{5-6}$$

式中，$\varepsilon_{p,t}$、$\varepsilon_{\gamma,t}$ 以及 $\varepsilon_{a,t}$、$\varepsilon_{x,t}$ 四个随机冲击之间两两相互独立。

代理人能够观察到历史股票价格 $P_j (j = 0, 1, \cdots, t-1)$，但并不知道暂时性冲击 $\ln \varepsilon_{p,t}$ 与持续性冲击 $\ln \varepsilon_{\gamma,t}$ 的大小；所以，如果要预测 t 期的价格 $\ln P_t$，代理人必须根据历史价格估计价格增长的长期成分 $\ln \gamma_t$。基于过去的价格信息，假设代理人对该长期成分有如下的先验信念：

$$\ln \gamma_{t-1} \sim N\left(\ln m_{t-1}, \sigma^2\right) \tag{5-7}$$

式中，先验不确定性 σ^2 等于卡尔曼滤波稳态值，即 $\sigma^2 = \left(-\sigma_\gamma^2 + \sqrt{\left(\sigma_\gamma^2\right)^2 + 4\sigma_\gamma^2 \sigma_p^2}\right)\big/2$。在 t 时刻更新价格信息后，代理人对该长期成分的后验信念为 $\ln \gamma_t \sim N(\ln m_t, \sigma^2)$，其中，长期成分的后验均值 $\ln m_t$ 也就衡量了代理人对 t 时期股价增长的信念。

[①] 心理学和金融学都有证据表明，外推预期在人类判断和决策中普遍存在（Gilovich et al., 1985；Hirshleifer, 2001）。

根据 Adam 等（2017）的外推预期假设，基于过去观察到的价格信息，代理人按照下列方式形成对未来价格增长的平均信念：

$$\ln m_t = \ln m_{t-1} + g\left(\ln P_{t-1} - \ln P_{t-2} - \ln m_{t-1}\right) + g\ln \varepsilon'_{p,t} \tag{5-8}$$

式中，卡尔曼增益 $g = \sigma^2/\left(\sigma^2 + \sigma_p^2\right)$, $\ln \varepsilon'_{p,t} \sim i.i.N\left(-\dfrac{\sigma_p^2}{2}, \sigma_p^2\right)$ 是代理人的信息集在 t 时刻的新息，它捕获了代理人在时刻获取的关于价格增长暂时性成分的信息，根据代理人的历史信息集不可对其进行预测[①]。基于以上假设，不难得到代理人对股价增长的条件期望也就是：

$$E_t\left[P_{t+1}/P_t\right] = m_t \tag{5-9}$$

式中，m_t 遵循由式（5-8）给出的演变形式。

求解上述模型，可以从代表性家庭的一阶条件中得到：

$$C_t = W_t \tag{5-10}$$

$$P_t = \beta E_t\left\{\frac{W_t}{W_{t+1}}\left[(1-\delta)P_{t+1} + R_{t+1}\right]\left(1 + \phi\frac{I_{t+1}^3}{K_{t+1}^3}\right)\right\} \tag{5-11}$$

$$W_t = (1-\alpha)K_t^\alpha A_t^{1-\alpha} H_t^{-\alpha} = (1-\alpha)\frac{Y_t}{H_t} \tag{5-12}$$

$$R_t = \alpha K_t^{\alpha-1}\left(A_t H_t\right)^{1-\alpha}\left(1 + \phi\frac{I_{t+1}^3}{K_{t+1}^3}\right)^{-1} = \alpha\frac{Y_t}{K_t\left(1 + \phi\frac{I_{t+1}^3}{K_{t+1}^3}\right)} \tag{5-13}$$

$$\frac{C_{t+1}}{C_t} = \left(\frac{K_{t+1}}{K_t}\right)^\alpha\left(\frac{A_{t+1}}{A_t}\right)^{1-\alpha}\left(\frac{H_{t+1}}{H_t}\right)^{-\alpha} \tag{5-14}$$

在引入了生产率增长长期风险的情形下，由式（5-14）可以得到消费增长率满足下列等式：

$$g_{C,t+1} = (1-\alpha)\ln x_t + \alpha\left(g_{K,t+1} - g_{H,t+1}\right) + (1-\alpha)\ln \varepsilon_{a,t+1} \tag{5-15}$$

式中，g_K 和 g_H 分别表示资本存量 K 和劳动力投入 H 的对数增长率，$\ln \varepsilon_{a,t}$、$\ln x_t$

---

① 在本章的模型模拟部分，假设 $\ln \varepsilon'_{p,t} = 0$。

分别满足式（5-2）、式（5-3），它是生产率增长的短期和长期风险成分。在经典的长期风险模型中，Bansal 等（2004）假设消费增长率中包含一个长期风险成分，并且该长期风险成分进一步影响股利增长，从而有助于解释美国股票市场的股权溢价之谜。然而，本书假设生产率增长中包含一个长期风险成分，通过式（5-15）表明生产率增长的长期风险是影响消费增长的关键因素，这进一步验证了 Croce（2014）的结论，即消费增长的长期风险主要来源于生产率的长期风险。

经过与第4.1节类似的推导过程，便可以得到考虑了生产率增长长期风险与非理性主观价格预期情形下的股票价格满足：

$$P_t = \frac{\alpha\beta \dfrac{H_{t+1}}{K_{t+1}} \left(\dfrac{K_t}{H_t}\right)^{\alpha} A_t^{1-\alpha}}{1 - \tilde{\lambda} \cdot x_t^{\alpha} \cdot \dfrac{m_t}{x_t} \cdot \left(\dfrac{K_{t+1}}{K_t}\right)^{-\alpha} \left(\dfrac{H_{t+1}}{H_t}\right)^{\alpha} \left(1 + \phi \dfrac{I_{t+1}^3}{K_{t+1}^3}\right)} \tag{5-16}$$

式中，$\tilde{\lambda} = \beta(1-\delta) \cdot \exp\left[\dfrac{(1-\alpha)(2-\alpha)\sigma_a^2}{2}\right]$。由上式可知，在宏观经济基本面保持不变时，股票价格的波动主要取决于投资者的非理性外推预期。

5.2　模型校准与模拟

本节首先对基准模型进行参数校准，然后通过约束模型中部分参数的取值，比较不同参数设定下的四种模型对我国宏观经济波动、股价波动、股市风险溢价等典型事实的模拟效果。这四种模型分别是：同时考虑了生产率长期风险和股价外推预期的基准模型、只考虑了生产率长期风险的理性预期模型（记为生产率长期风险模型）、没有考虑生产率长期风险但考虑了股价外推预期的模型（记为股价外推预期模型）、既没有考虑生产率长期风险也没有考虑股价外推预期的简约模型。基准模型的参数校准主要基于我国的实际历史数据（1996—2020年的季度数据），或者借鉴已有相关研究的假设或结论。

5.2.1 参数校准

折旧率的校准仍然采取第4.2节中介绍的方法，即根据表4-1中所列文献得到的折旧率计算其平均值，并转化为季度折旧率，最终取值为1.89%。再利用第4.2节得到的资本存量序列，根据索洛余值法对式（4-21）进行带约束的最小二乘回归，从而可以得到资本产出份额的估计值，取值为0.64。郭庆旺等（2005）在测算我国1979—2004年的全要素生产率时，估计出资本产出份额为0.69。李稻葵等（2009）曾表明，随着经济的不断发展，产出中的劳动份额呈U形演变规律，我国的劳动份额在2010年以后逐渐进入上升通道，因此资本份额呈下降趋势，故本书得到1996—2020年我国的资本份额为0.64也是合理的。

考虑到在离散时间下的稳态经济系统中，贴现因子 β 与利率 r 之间需满足 $\beta = 1/(1+r)$；若利率取1996—2020年我国3个月国债发行利率的平均值，那么主观贴现因子的校准值为0.988。上述理论模型中考虑了调整成本的资本累积方程与 Cochrane（1991）的假设保持一致，根据 Cochrane（1991）的建议，季度数据的调整成本参数取值为13.04。利用第4章测算的生产率数据估计如式（5-2）和式（5-3）所示的生产率长期风险模型，得到持久性参数 ρ 的估计值为0.43，生产率增长短期风险的标准差为0.56，长期风险的随机冲击标准差为0.42，并且上述3个参数值都在5%的水平下显著。由此可见，我国生产率的增长率的确具有一定的持续性。

国外有关投资者预期的研究中，针对卡尔曼增益参数的校准，通常使用瑞士银行投资者乐观指数，或者使用由杜克大学福库商学院、里士满联邦储备银行和亚特兰大联邦储备银行联合开展的 CFO 调查数据等。但是，从不同的调查数据中得到的卡尔曼增益参数估计值相差不大。例如，Adam 等（2015）根据交易经验的不同将被调查者分为不同的组，从各组样本中得到的估计值在0.018至0.032之间；同时表明，交易经验越丰富，卡尔曼增益参数的估计值越小。Adam 等（2017）从不同版本的外推预期模型中得到的卡尔曼增益参数在0.022至0.028之间。鉴于国内目前还没有能够直接反映投资者预期的权威调查数据，部分学者认为股票收益波动率、交易量或换手率在一定程度上可以体现投资者对未来股价增长的信心，从而将收益波动率、交易量或换手率作为投资者预期的代理指标（包锋 等，2015）。本书将换手率和交易量[①]作为投资者预期的代理指标，得到的卡尔曼增益参数值分别为0.047和0.027。综合以上考虑，最终选择更接近于国外经典文献所得结果的0.027作为卡尔曼增益参数的校准值。同样，将交易量作为投资者预期的代理指标，得到股价增长先验不确定性参数的估计值为1.82。如表5-1所示。

表5-1　基准模型参数校准

参数含义	参数符号	校准值
资本产出份额	α	0.64
主观贴现因子	β	0.988
折旧率	δ	1.89%
调整成本参数	φ	13.04
生产率长期风险持久性参数	ρ	0.43
生产率增长短期风险新息波动	σ_a	0.56
生产率增长长期风险新息波动	σ_x	0.42
卡尔曼增益参数	g	0.027
股价增长先验不确定性参数	σ	1.82

注：基准模型指的是第5.1节介绍的既考虑了生产率长期风险、又考虑了投资者非理性外推预期的定价模型。

5.2.2　模拟结果分析

基于上述模型假设、理论推导和参数校准值，每次模拟100个产出增长、消费增长以及股价增长等季度序列，并重复10 000次随机试验后取平均值作为最终的模拟样本。通过计算模拟样本的均值与标准差，并与原序列的均值和标准差进行对比，从而对不同模型的模拟效果进行评价。不同模型的模拟值以及

---

① 换手率和交易量的季度数据来自锐思数据库。

原序列的真实值都在表5-2中列出。对于原序列而言，产出增长和消费增长的均值与波动性都相差不大，但总体上消费增长的波动性要小于产出增长；同时它们之间的相关性很高。相较而言，股价增长的均值较小，但波动性很大。这正符合我国股市与宏观经济的基本事实。下面，进一步对比四种假设下的定价模型对上述基本事实的模拟效果。

表5-2　不同模型模拟效果对比

	原数据	基准模型	生产率长期风险模型	股价外推预期模型	简约模型
$E(g_Y)$	2.109%	1.912%	1.912%	1.974%	1.974%
$\sigma(g_Y)$	1.723	1.570	1.570	0.801	0.801
$E(g_C)$	2.119%	1.901%	1.901%	1.963%	1.963%
$\sigma(g_C)$	1.629	1.476	1.476	0.788	0.788
$\rho(g_Y, g_C)$	0.840	0.862	0.862	0.910	0.910
$E(\ln x)$	—	0.049%	0.049%		
$\sigma(\ln x)$	—	1.276	1.276	—	
$E(\ln m)$	—	1.515%	—	1.515%	
$\sigma(\ln m)$	—	0.818		0.818	
$E(r^p)$	1.850	1.569	1.426	1.409	1.329
$\sigma(r^p)$	15.120	15.379	8.823	13.508	7.721
$E(r^e)$	0.670	0.745	0.702	0.180	0.101
$\sigma(r^e)$	15.124	15.218	8.814	13.466	7.699

注：g_Y 和 g_C 分别表示产出和消费的对数增长率。r^p 和 r^e 分别表示股价的收益率和超额收益率。$E(\cdot)$、$\sigma(\cdot)$ 以及 $\rho(\cdot)$ 分别表示均值、标准差和相关系数。基准模型即为第5.1节介绍的考虑了生产率长期风险和非理性外推预期的定价模型。生产率长期风险模型指代只考虑了生产率长期风险的理性预期定价模型。股价外推预期模型指代不考虑生产率长期风险，但考虑了投资者非理性外推预期的定价模型。简约模型指代本书第4.1节介绍的不考虑生产率长期风险的理性预期定价模型。

首先，从产出增长序列的模拟结果来看，考虑了生产率长期风险的基准模型及生产率长期风险模型模拟得到的均值和标准差分别为1.912%、1.570，而没有考虑生产率长期风险的股价外推预期模型和简约模型模拟得到的均值和标准差分别为1.974%、0.801。这四个模型模拟的均值都比较接近真实值2.109%，但模拟的标准差却差异较大，前两者所模拟的标准差要比后两者更接近于真实值1.723。由此说明，没有考虑生产率长期增长风险时，得到的产出增长序列比实际情况更为平滑，其波动性大概只有真实序列的1/2。同样，从消费增长序列的模拟结果来看，也能得到类似的结论；即不考虑生产率长期增长风险的定价模型只能解释真实消费增长波动的1/2。四个模型模拟的消费增长波动性都小于产出增长波动性，并且消费增长与产出增长之间的相关系数都接近于1，但考虑了生产率长期风险的模型得到的相关系数更接近于真实值。总之，对于产出增长和消费增长序列而言，考虑了生产率长期风险的模型其模拟效果更好。

其次，模拟得到的生产率长期增长成分其均值和标准差分别为0.049%、1.276，这表明我国的生产率增长非常缓慢，基本在零附近上下波动；其波动性要小于产出增长和消费增长的波动性。而模拟得到的投资者对股价增长的平均信念，其均值与标准差分别为1.515%，0.818。总的来说，我国投资者对股价增速的乐观程度也相对偏低，其平均预期要低于产出、消费等宏观经济变量的平均增长速度。

然后，从四个模型对股价增长的模拟结果来看，它们对股票平均收益率的模拟都表现较好，考虑了生产率长期风险的两个模型大约能够解释股票平均收益率的75%～85%，而没有考虑生产率长期风险的外推预期模型和简约模型能解释70%～75%。然而，四个模型对平均超额收益率[①]的模拟效果截然不同，很明显，基准模型和生产率长期风险模型的表现略胜一筹。基准模型的模拟值为0.745，生产率长期风险模型的模拟值为0.702，略大于真实值0.670。然而，股价外推预期模型和简约模型分别只模拟了真实值的27%和15%。上述结果说

---

① 超额收益率的模拟值等于模拟的股票收益率减去模拟的无风险利率，根据 Cochrane（2009）的研究，其中无风险利率 $r_t^f = -\ln\beta + E_t\left(g_{C,t+1} - \Delta H_{t+1}\right) - 0.5\times\sigma_t^2\left(g_{C,t+1} - \Delta H_{t+1}\right)$。

明，考虑生产率的长期增长风险和投资者的主观预期都有助于解释我国股价的平均收益率及风险溢价，其中生产率长期风险比投资者主观预期对股价平均收益及风险溢价的解释作用更强。

最后，众所周知，我国股市收益率最显著的特点就是大幅波动。从真实的历史收益率序列中得到其标准差为15.120，超额收益率的标准差为15.124。基准模型模拟的收益率和超额收益率的标准差分别为15.379、15.218，与真实值非常接近。另外，考虑了投资者主观信念的外推预期模型也能够较好地模拟出真实收益率序列的大幅波动性；它模拟的收益率和超额收益率的标准差分别为13.508、13.466。然而，没有考虑投资者非理性预期的生产率长期风险模型和简约模型，模拟的收益率和超额收益率的标准差都显著偏小，大约只有真实值的50% 左右。由此说明，投资者对股价增长的非理性外推预期是影响我国股市收益大幅波动的关键因素，能够在很大程度上解释我国股市的波动性之谜。

综上所述，不管是对以产出增长、消费增长为代表的宏观经济变量相关矩的模拟，还是对股价收益相关矩的模拟，本章提出的基准模型都具有绝对的优势。其关键原因在于该模型既考虑了生产率长期增长风险，又考虑了投资者对股价增长的非理性预期。一方面，如果模型中只考虑生产率的长期增长风险，虽然它也能较好地复制宏观经济变量的相关矩，同时也可以解释一部分的股价收益和风险溢价，但它对股价收益波动性的解释力非常微弱。Croce（2014）首次提出生产率长期风险模型，并通过模拟发现，生产率长期风险的引入能够很好地解释美国股市的风险溢价之谜，但对波动率之谜仍然缺乏解释力。本书通过进一步引入投资者外推预期，大大提升了模型的定价能力。另一方面，如果模型中只考虑了投资者对股价增长的外推预期，虽然它能够很好地解释股价收益的波动性，但它对宏观经济变量的波动性以及股票的平均超额收益只有微弱的解释力。正如 Adam 等（2011）所表明的那样，他们通过在两部门的定价模型中引入股价增长的外推预期，并利用调查数据进行实证研究发现，投资者主观预期模型比理性预期模型在解释股价波动性方面具有显著的优势，但这两个模型对股价超额收益相关矩的模拟效果都不太令人满意，其中主观预期模型只解释了历史观察到的股权溢价的30% 左右。本书认为，在他们的模型中再引入生产率长期风险，则可以进一步提升模型对股权溢价之谜的解释能力。总之，本章提出的既考虑生产率长期风险，又考虑投资者外推预期的定价模型对同时解释风险溢价之谜与波动性之谜具有重要的作用。

5.3　股价周期成分与投资者预期

由前文假设可知，$\ln m_t$ 衡量了代理人对股价增长的平均信念，或者说它衡量了代理人对未来股价收益的乐观程度，因此它代表了投资者对股票价格的主观外推预期。结合第4章的研究结论以及相关研究领域的普遍观点，股价周期成分与宏观经济变量之间的关联性不大，其关键影响因素可能是以投资者预期为代表的投资者行为因素。因此，本节重点关注上述理论模型模拟过程中得到的投资者外推预期（$\ln m_t$），以及第4章从股价指数中分解得到的周期成分，并进一步分析它们之间的关联性。

首先，从图5-1中可以很直观地看到，SSEC 周期成分与 $\ln m_t$ 的走势非常相似。除了样本末期（2020年前后疫情暴发期间）两者之间的运行趋势有所偏离，其他阶段的运行趋势几乎保持一致。在整个样本期间，两者之间的相关系数高达0.641，呈显著正相关。同时，格兰杰因果检验表明，SSEC 周期成分与 $\ln m_t$ 之间互为因果。ADF 检验和 KPSS 检验结果显示，SSEC 周期成分和 $\ln m_t$ 都是平稳序列。因此，下面本书将它们同时视为内生变量，在结构 VAR 模型中分析它们之间的短期相互影响机制。

另外，在第4章的分析中曾提到，投资或固定资本形成额等能够快速增加企业有形资本的宏观变量也有可能对股价的暂时性成分产生影响。表5-3的相关性检验也给出了直接证据，即投资、固定资本形成额以及 PPI 的增长率与股价周期成分的增长率之间存在显著负相关关系，其他宏观经济变量与股价周期成分的增长率之间都没有显著的相关性。由此，本书将投资、固定资本形成额和 PPI 的对数增长率也同时纳入 SSEC 周期成分与 $\ln m_t$ 的结构 VAR 模型中，以分析它们对股价周期成分的影响机制，并考察哪些因素是影响股价周期成分的关键因素。

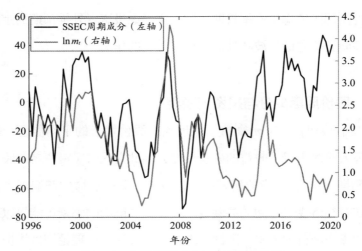

图5-1　股价周期成分与主观外推预期

表5-3　股价周期成分与宏观经济变量的增长率之间的相关性检验

	GDP	C	I	M2	K	GFCF	PPI	A
SSEC	−0.028	−0.093	−0.200	−0.096	−0.044	−0.240	−0.272	−0.104
	(0.784)	(0.360)	(0.047)	(0.345)	(0.668)	(0.017)	(0.007)	(0.305)

注：K、GFCF、A 分别表示资本存量、固定资本形成额、全要素生产率。圆括号外为 Pearson 相关系数，圆括号内为相应相关系数的 p 值。

下面，建立结构 VAR 模型如下：

$$\boldsymbol{\Phi} \boldsymbol{x}_t = \mu + \boldsymbol{\Gamma}_1 \boldsymbol{x}_{t-1} + \boldsymbol{\Gamma}_2 \boldsymbol{x}_{t-2} + \cdots + \boldsymbol{\Gamma}_p \boldsymbol{x}_{t-p} + \varepsilon_t \tag{5-17}$$

式中，向量 $\boldsymbol{x}_t$ 由 SSEC 周期成分（cycle_t），投资者外推预期（$\ln m_t$），以及投资、固定资本形成额、PPI 的对数增长率（分别用 ΔI_t、$\Delta GFCF_t$、ΔPPI_t 表示）构成[①]。μ 为常数向量；$\boldsymbol{\Phi}$ 为5×5阶的非退化系数矩阵，它反映了各变量之间的

---

① 投资者的外推预期（$\ln m_t$）从上一节的理论模型中模拟得到。其他数据来源及处理与第
　4章保持一致。

当期影响；$\boldsymbol{\Gamma}_i (i = 1,2,\cdots,p)$ 为 5×5 阶的滞后项系数矩阵。ε_t 为独立同分布的正态扰动项，又称为结构新息，其协方差矩阵为 $\boldsymbol{\Sigma}$。

根据 AIC、BIC 信息准则，式（5-17）的最优滞后阶数为 $p = 3$。为了上述识别结构 VAR 模型，需要对矩阵 $\boldsymbol{\Phi}$ 施加约束条件。至于如何施加约束，一般来讲，可以根据经济理论或采用比较常用的方法——Cholesky 约束。本书也采用 Cholesky 方法来设置约束条件，也就是将矩阵 $\boldsymbol{\Phi}$ 约束为下三角矩阵，主对角线上的元素全部为1。显然，采用 Cholesky 约束来识别 SVAR，其估计结果依赖于变量的次序。结合经济理论，PPI、投资和固定资本形成一般不会受股价周期成分的影响，更不会受投资者对股价的主观外推预期的影响；而 PPI 会直接影响企业的产能利用率，从而影响投资和固定资本形成额。再考虑到本章的主要目的是探究影响股价周期成分的关键因素，因此，下面将变量次序设置为 $\boldsymbol{x}_t = (\Delta \text{PPI}_t, \Delta I_t, \Delta \text{GFCF}_t, \ln m_t, \text{cycle}_t)'$。

$(\Delta \text{PPI}_t, \Delta I_t, \Delta \text{GFCF}_t, \ln m_t, \text{cycle}_t)'$ 的 SVAR 模型参数估计结果如表5-4所示。首先，从同期系数矩阵 $\boldsymbol{\Phi}$ 的估计结果中发现，PPI 和投资的增长率对投资者主观预期有显著的正向影响，而固定资本形成额对投资者预期有显著的负向影响。特别值得注意的是，在关于 cycle_t 的方程中，ΔPPI_t 与 $\ln m_t$ 的系数都在5%水平下显著，并且 $\ln m_t$ 的系数的绝对值更大，而 ΔI_t 与 ΔGFCF_t 的系数都不显著。这表明，同期的 PPI 增长和投资者外推预期对 SSEC 周期成分有显著的正向影响，并且投资者预期对股价周期成分的影响更大，而同期的投资增长与固定资本形成增长对股价周期成分的影响并不显著。其次，从1阶滞后项系数矩阵中发现，所有变量的1阶滞后项都会对投资者预期产生影响，而对于股价周期成分而言，只有投资者预期和股价周期成分本身的1阶滞后项会对其产生影响。并且，根据系数符号不难发现，过去1期的投资者预期对当期的股价周期成分有负向影响。最后，从2阶、3阶滞后项系数矩阵中能发现类似但又有些许不同的结果。类似之处在于，其一，不管是滞后1阶、2阶还是3阶的投资者预期，都对 SSEC 周期成分有显著影响，只是影响的方向有所变化；其二，不管是滞后 1 阶、2 阶还是 3 阶的 PPI 增长都对股价周期成分没有显著影响。不同之处在于，滞后 2 阶的投资和固定资本形成增长率对股价周期成分有显著影响，而滞后 1 阶、3 阶甚至是同期的投资和固定资本形成增长率对股价周期成分都没有显著影响。由此看来，PPI、投资以及固定资本形成额的变动的确会对股价周期成分产生一定的影响，但这种影响与滞后阶数紧密相关；然而，相比这三个变量，投资者主观预期对股价周期成分的影响更为显著，并且有较强的持续性。因此，总的来看，PPI、投资、固定资本形成额与投资者预期都会对股价产生短期影响，但投资者主观预期才是影响股价周期成分的关键因素。[①]

表5-4　(ΔPPI_t, ΔI_t, $\Delta GFCF_t$, $\ln m_t$, $cycle_t$)′ 的 SVAR 模型估计结果

$\Phi_{5\times5}$					$\Gamma_{1,5\times5}$				
1	0	0	0	0	0.653***	−0.058	0.102	0.124	−0.001
−0.489	1	0	0	0	0.051	0.944***	−2.415**	0.487	−0.064
0.092	−0.541***	1	0	0	−0.111	0.465**	−1.175**	0.905	−0.033
−0.029*	−0.022**	0.040**	1	0	−0.124***	−0.066***	0.149***	1.162***	0.023***
−2.705**	−0.024	1.628	−6.172**	1	−0.887	−0.001	0.049	−4.910**	0.724***
$\Gamma_{2,5\times5}$					$\Gamma_{3,5\times5}$				
−0.288*	0.044	−0.013	0.404	−0.003	0.181	−0.012	0.075	−0.578	−0.001
−1.053	−0.068	−0.145	0.619	−0.007	1.572**	−0.397	−0.160	1.806	−0.067
0.095	0.030	−0.485	−2.625	−0.082	0.633*	−0.670**	0.588	1.700	0.030
0.036	−0.020*	0.025	−0.175	−0.023**	0.023	0.092***	−0.143***	−0.036	−0.001
−2.289	−2.191**	3.932**	6.033**	0.283	0.579	0.190	−0.890	−5.737**	−0.331

注：$\Phi_{5\times5}$ 表示 5×5 阶的同期系数矩阵。$\Gamma_{i,5\times5}$ 表示 5×5 阶的 i 阶滞后项系数矩阵。*、**、*** 分别表示在 10%、5%、1% 的水平下显著。

从股价周期成分对 PPI、投资、固定资本形成额、投资者预期以及它自身的正交脉冲的响应图（见图5-2）中可以看出，除了股价周期成分自身以外，

---

① 变换变量的顺序，如 $x_t = (\Delta GFCF_t, \Delta PPI_t, \Delta I_t, \ln m_t, cycle_t)$′ 或 $x_t = (\Delta PPI_t, \Delta GFCF_t, \Delta I_t, \ln m_t, cycle_t)$′，也能得到类似的结论。

PPI 增速及投资者对股价外推预期的变化在短期内都会显著地引起股价周期成分呈正向变动，其中投资者预期冲击比 PPI 增速冲击对股价周期成分的影响更大；然而，投资增速上升将在未来1个季度内引起股价周期成分呈反向变动，固定资本形成增速上升在更长时间内、更大程度上对股价周期成分起负向作用。总的来说，投资者预期和 PPI 增速给股价周期成分所带来的正向影响比固定资本形成和投资增速所引起的负向影响更大；除了股价周期成分自身以外，最为关键的影响因素仍是投资者的外推预期。

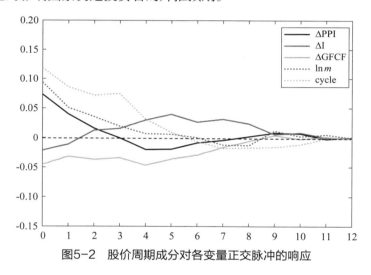

图5-2　股价周期成分对各变量正交脉冲的响应

　　从股价周期成分的预测误差方差分解结果（见表5-5）中也能得到类似的结论，对股价周期成分进行向前1个季度的预测，其预测误差超过1半以上来自它本身，大约有21%左右来自投资者的外推预期，15%左右来自 PPI 增速，剩下的8.3%和2.1%左右分别来自投资增速和固定资本形成额的变动。这意味着，股价周期成分主要受自身的影响，其次就是受投资者外推预期的影响。PPI 增速在短期内对股价周期成分也会起到一定的作用，而投资者增速和固定资本形成额的变动对股价周期成分的影响较小。

表5-5　股价周期成分的 SVAR 预测误差方差分解

步长	ΔPPI	ΔI	ΔGFCF	ln m	cycle
1	0.151 5	0.083 1	0.020 8	0.208 7	0.535 9
2	0.125 5	0.085 0	0.018 1	0.206 8	0.564 6
3	0.115 9	0.089 5	0.018 8	0.201 7	0.574 1
4	0.109 7	0.084 3	0.021 1	0.198 0	0.586 9
5	0.113 3	0.117 0	0.036 8	0.187 3	0.545 6
6	0.112 7	0.129 6	0.063 6	0.186 9	0.507 2
7	0.113 3	0.136 4	0.074 1	0.186 4	0.489 9
8	0.113 3	0.131 6	0.088 9	0.188 5	0.477 7

5.4　本章小结

本章重点关注我国股价指数的周期成分及其影响因素。根据行为金融学的普遍观点，短期内股价的变化主要受投资者预期等行为因素影响。同时，由于我国股票市场效率低下，这种预期通常表现为非理性。另外，根据第4章的研究结论，生产率及其长期成分是影响股票价格变化的关键因素。因此，理论模型上，本章在上一章的简单定价模型中进一步考虑投资者的非理性外推预期，并同时引入生产率的长期增长风险，从而改进模型的定价能力，以匹配并解释我国股价的风险溢价及周期波动特征。通过对比不同定价模型的模拟效果发现，投资者对股价增长的非理性外推预期是影响我国股市收益大幅波动的关键因素，能够在很大程度上解释我国股市的波动性之谜；既考虑生产率长期风险，又考虑投资者外推预期的定价模型对同时解释我国股市的风险溢价之谜与波动性之谜具有重要的作用。

实证上，利用理论模型模拟过程中得到的投资者外推预期数据，并选取PPI、投资、固定资本形成额3个指标的对数增长率作为参照变量，与股价周期成分建立五变量的 SVAR 模型，以分析它们对股价周期成分的短期影响机制，并考察哪些因素是影响股价周期成分的关键因素。从模型参数的估计结果、

SVAR 脉冲响应图及预测误差方差分解结果中发现，PPI、投资、固定资本形成额与投资者预期都会对股价产生短期影响，但股价周期成分除了受其自身的主要影响之外，投资者外推预期的影响作用最为关键。PPI 增速在短期内对股价周期成分也会起到一定的正向影响作用，而投资者增速和固定资本形成额的变化对股价周期成分的影响较小。

第6章　股票市场的趋势预测与转折点识别

　　根据第2章总结的经验特征，我国股市具有一定程度的可预测性。然而，对股票市场进行趋势预测或转折点识别一直以来是一项有着重要现实意义但极具挑战性的工作。为了达成这一目的，研究者们试图从各个角度寻找一些能够提示市场转向的指标。例如，市盈率、股息率、利率、通货膨胀率等定量指标，或者影子银行系统的杠杆水平、并购的一般情况和央行流动性注入等定性指标，都被广泛用于判断股市是否正在转向。然而，从技术分析角度来讲，市场的阶段性趋势一旦建立，未来一段时期内的指数将会沿着同一方向波动。因此，这在某种上程度可以说明，通过对股价指数这一单变量进行分析也可以得到市场趋势变化的有用信息。尤其是相关研究表明，在市场的阶段性上涨或下跌趋势发生转向时，股价的周期成分将会给出一些重要的信号[①]。受上述想法的启发，本章首先利用前文提出的趋势与周期分解方法得到股价的周期成分，然后结合小波领袖法提出两个能够准确识别市场转折点的指标，由此对市场趋势做出预测。

6.1　转折点识别方法

　　基于自适应市场假说，Zheng 等（2013）提出了一个带反馈机制的自适应系统框架来分析股票市场行为。在他们的框架下，用来模拟市场的模型由两部分构成：一个内部模型和一个根据反馈的匹配误差信息进行自我调节的自适应滤波器。其中，内部模型相当于一个趋势生成器，通过它可以得到内部价格和

---

① Zheng 等（2013）、Bai 等（2015）都证明了这一点。

内部残差，也就是本书所说的趋势和周期。有趣的是，Zheng 等（2013）利用快速傅里叶变换发现，内部残差功率谱的突然变化总是与股市的重大转折期完美重合。但考虑到快速傅里叶变换缺乏准确定位时间和频率的能力，Bai 等（2015）对内部残差进行离散小波变换以检索其中频信号，并发现中频信号的斜率包含了识别市场转折点的重要信息。

目前已有大量文献证实股票市场具有多重分形特征，例如 Mandelbrot（1999）、Matia 等（2003）、Zunino 等（2008）。DWT 是多重分形时间序列中强大的时频分析工具，其小波系数构成了研究序列运行规律的理想量。然而，DWT 有两个方面的局限性[①]。其一，因为小波系数在原点处具有严格正的概率密度函数，所以对应的结构函数不能用于负阶矩（Meyer，1998）。其二，DWT 对于包含振荡奇点的信号也会失效（Jaffard et al.，2006）。近年来，一种新的多重分形分析技术，即小波领袖方法，成功地克服了 DWT 的不足，在实际应用中具有显著的优势。因此，本章主要利用小波领袖法分析股价周期成分的多重分形特征，以捕捉市场趋势发生转向时的重要振荡信号。

6.1.1　小波领袖法

时间序列的 DWT 可通过满足下列形式的小波系数来定义：

$$d_c(j,k) = 2^{-\frac{j}{2}} \int_R c_i \psi(2^{-j}t - k) dt \qquad (6\text{-}1)$$

式中，j 和 k 都是自然数[②]，j 被称为尺度参数，k 被称为位移参数；$\psi(t)$ 就是所谓的母小波。基于小波系数的结构函数 $S_d(q,j)$ 和标度指数 $\tau_d(q)$ 分别定义为：

$$S_d(q,j) = \frac{1}{n_j} \sum_{k=1}^{n_j} |d_c(j,k)|^q \qquad (6\text{-}2)$$

$$\tau_d(q) = \liminf_{j \to 0} \left[\frac{\log_2 S_d(q,j)}{j} \right] \qquad (6\text{-}3)$$

式中，n_j 表示可获得的 $d_c(j,k)$ 的总个数，它的取值取决于尺度参数 j；q 为

---

① 有关离散小波变换及其局限性的详细介绍可参考 Jaffard（1997，2006）、Meyer（1998）等。
② 在实际应用中，j 只取有限个值，且最大值通常不超过 12。

概率矩的阶数。另外，标度指数与该序列的多重分形谱之间存在着著名的 Legendre 变换关系。也就是说，若将该序列的多重分形谱记为 $D(h)$，那么 $\tau_d(q) = \inf_h[1 + qh - D(h)]$，其中 h 就是 Hölder 指数[①]。

考虑到当 $q < -1$ 时，上述结构函数 $S_d(q,j)$ 将不存在，并且当 c_t 中包含振荡奇异点时，基于上述小波系数的标度指数会严重偏离其真实值；于是，Lashermes 等（2005）、Jaffard 等（2006）提出小波领袖法来解决上述问题。具体而言，如果假设 $\psi(t)$ 是定义在 $[0,1]$ 上的紧支撑母小波，定义 $\psi_\lambda(t) \triangleq \psi(2^{-j}t - k)$，并将 $\psi_\lambda(t)$ 的定义域记为 $\lambda = \lambda(j,k) = [k2^j, (k+1)2^j]$。若令 $d_c(\lambda) = 2^{-j/2}\int_R c_t \psi_\lambda(t)\,\mathrm{d}t$，显然有 $d_c(\lambda) = d_c(j,k)$。进一步，将区间 $\lambda_{(j,k)}$ 和它的左右相邻区间的并集记为 $3\lambda = 3\lambda_{(j,k)} = \lambda_{(j,k-1)} \bigcup \lambda_{(j,k)} \bigcup \lambda_{(j,k-1)} = [(k-1)2^j, (k+2)2^j]$，那么小波领袖则被定义为：

$$L_c(j,k) = \sup_{\lambda' \subset 3\lambda} \left| d_c(\lambda') \right| \tag{6-4}$$

同时，相应的结构函数和标度指数分别为：

$$S_L(q,j) = \frac{1}{n_j} \sum_{k=1}^{n_j} \left| L_c(j,k) \right|^q \tag{6-5}$$

$$\tau_L(q) = \liminf_{j \to 0} \left(\frac{\log_2 S_L(q,j)}{j} \right) \tag{6-6}$$

Lashermes 等（2005）、Jaffard 等（2006）已证明上述基于小波领袖法的结构函数 $S_L(q,j)$ 对于任意的 q 都存在。小波领袖法除了具备这一优势以外，还克服了 DWT 的另外一个缺陷。也就是说，当原信号中含有振荡奇异点时，小波领袖法同样能够准确得到标度指数以及整个范围内的多重分形谱，但 DWT 则会失效。因此，在 $q > 0$ 的情形下，通过跟踪 DWT 与小波领袖法的标度指数或多重分形谱之间的差距，便可判断原信号中是否包含振荡奇异点（Lashermes et al.，2005）。本书认为股价信号中的振荡奇异点通常出现在市场

[①] 有关多重分形、多重分形谱、Hölder 指数等概念及其应用的详细介绍，可参考 Serrano 等（2009）、Lopes 等（2009）、Jiang 等（2019）。

趋势发生转向之时，因此这一想法为本书识别市场转折点提供了启发。

正如前文所述，根据标度指数 $\tau_L(q)$ 可以得到多重分形谱和 Hölder 指数，因此标度指数 $\tau_L(q)$ 是有关多重分形的实证分析中关注的焦点之一。在实证中，通常将标度指数展开为关于 q 的多项式，即 $\tau_L(q) = \beta_1 q + \beta_2 q^2/2 + \beta_3 q^3/6 + \cdots$①如果 $\beta_1 \neq 0$ 且 $\beta_i = 0 (i \geq 2)$，此时 $\tau_L(q)$ 就是 q 的线性函数，同时称原序列 c_t 是单分形的。自相似过程，如分数布朗运动，就是最具代表性且被广泛应用的单分形过程。如果 $\tau_L(q)$ 中存在某个 $\beta_i \neq 0 (i \geq 2)$，则称原序列 c_t 是多重分形的；同时将系数 $\beta_i \neq 0 (i \geq 2)$ 称为多重分形参数。多重分形参数不仅衡量了标度指数偏离线性规范的程度，而且是数据分析工作中对数据特征进行识别、分类的重要参考依据，因此在多重分形实证分析中有着非常重要的意义。最简单的多重分形情形就是 $\beta_2 \neq 0$ 且 $\beta_i = 0 (i \geq 3)$，即 $\tau_L(q) = \beta_1 q + \beta_2 q^2/2$；此时也将原序列称为对数正态多重分形（Lognormal Multifractal, LN-MF）过程。已有文献（例如 Wendt et al.，2007）表明，通常情况下现实中的经济或金融时间序列都可以用 LN-MF 过程进行模拟，但在某些特殊情形下，可能会趋向于更高阶的多重分形过程。这些特殊情形往往就是市场因受到某些重大外生性冲击而改变其原来的运行趋势，或者发生结构性变化之时。因此，本书认为也可以通过关注多重分形参数 β_3 是否显著不等于0，来识别市场是否发生转向。多重分形参数 β_3 的估计可以通过 Wendt 等（2013）的贝叶斯估计程序得以实现。

6.1.2　两个转折点识别指标

本小节主要介绍两个市场转折点识别指标。第一个指标就是上一小节提到的基于小波领袖法的标度指数展开式中的3次项系数，即3阶多重分形参数 β_3。具体实施过程如下：

首先，需利用滑动窗口从股价周期成分 c_t 中得到一系列随时间变化的 β_3，

---

① 有关单分形过程、多分形过程以及多重分形参数的更为严格、详细的讨论请参考 Wendt 等（2007）。

记为 $\beta_3(t)$。具体地，若设置滑动窗口的宽度为 w，样本总长度为 T，那么第1个窗口所涉及的样本范围则为 $c_1 \sim c_w$，同时根据 Wendt 等（2013）的贝叶斯估计程序可得到第1个3阶多重分形参数的估计值，记为 $\beta_3(w)$；接着，将第1个窗口向前滑动一步得到第2个窗口，样本范围从 c_2 到 c_{w+1}，估计得到的3阶多重分形参数记为 $\beta_3(w+1)$。以此类推，窗口依次向前滑动一步，直至最后一个样本，这样就可以得到一系列长度为 $T-w+1$ 的3阶多重分形参数值，即 $\beta_3(t)$，$t=w, w+1, \cdots, T$。

理论上，但当市场遇到重大冲击或发生转向时，股价周期成分的多重分形特征会发生显著变化（Zheng et al.，2013；Bai et al.，2015）。通常情况下，股价周期成分近似于一个 LN-MF 过程。而且，$\beta_3(t)$ 越趋近于0，表明股价周期成分越接近于 LN-MF 过程，$\beta_3(t)$ 越异于0，表明股价周期成分具有越复杂的多重分形特征。因此，可以根据 $\beta_3(t)$ 的取值来判断市场在 t 时刻是否发生转向。如果在某个时刻 k，$\beta_3(k)$ 显著不等于0，那么时刻 k 被认为是一个候选转折点。待筛选出所有的候选转折点（记为 $\hat{T}_k$，$k=1,\cdots,\hat{n}$），再按照下面的规则 I 过滤掉干扰候选点，并确定最终的主要转折点，记为 $T_k(k=1, \cdots, n)$。过滤的规则如下：

规则 I：对于任意的候选转折点 $\hat{T}_k(k=1,\cdots,\hat{n})$，如果 $\hat{T}_{k+1}-T_k$ 的值小于事先设定的临界值 ρ，则将 $\hat{T}_{k+1}$ 和 $\hat{T}_k$ 归为同一组；否则，$\hat{T}_{k+1}$ 和 $\hat{T}_k$ 属于不同的组。按照这种方式，将所有的候选转折点进行分组。然后，选出每组中对应的 $|\beta_3(\cdot)|$ 取值最大的点，视为主要转折点之一。

至此，本书就完成了第一个转折点识别指标的介绍。下面开始介绍第二个转折点识别指标。正如前一小节所提到的那样，当股价周期成分中含有振荡奇异点时，小波领袖法同样可以保证标度指数以及多重分形谱的可靠性，但 DWT 方法得到的标度指数会偏离其真实值。因此，当 $q > 0$，通过对比 $\tau_d(q)$ 与 $\tau_L(q)$ 之间的差异大小，也就是通过判断 $\tau(q)=|\tau_d(q)-\tau_L(q)|$ 的大小，便可以捕捉到股价周期成分中的振荡奇异点信号。

在实证分析中，本书取 $\tau(q)$ $(q=1,2,3,4,5)$ 的平均值（记为 $\bar{\tau}$）作为判断 $\tau_d(q)$ 与 $\tau_L(q)$ 之间差异大小的依据。类似地，这里也需要利用宽度为 w 的滑动窗口从股价周期成分 c_t 中得到随时间变化而变化的一系列 $\bar{\tau}$，记为 $\bar{\tau}_t$，$t=w,w+1,\cdots,T$。随着窗口的不断向前滑动，如果在某个时刻 t，$\bar{\tau}_t$ 的值显著增大，那么就意味着由于信号中出现了新的振荡奇异点，从而导致两个标度指数之间的差距增大。否则，$\bar{\tau}_t$ 的值不会显著增加。衡量 $\bar{\tau}_t$ 的值是否显著增大的最直接的方式就是判断其一阶差分 $\Delta\bar{\tau}_t$ 是否显著大于0。因此，$\Delta\bar{\tau}_t$ 就成了本书的第二个转折点识别指标。同样地，如果在某个时刻 k，$\Delta\bar{\tau}_t$ 显著不等于0，那么时刻 k 被认为是一个候选转折点。待筛选出所有的候选转折点（记为 $\hat{T}'_k$，$k=1,\cdots,\hat{n}$），再按照下面的规则 II 过滤掉干扰候选点，并确定最终的主要转折点，记为 $T'_k(k=1,\cdots,n)$。

规则 II：对于任意的候选转折点 $\hat{T}'_k$，$k=1,\cdots,\hat{n}$，如果 $\hat{T}'_{k+1}-\hat{\ }$ 的值小于事先设定的临界值 ρ，则将 $\hat{T}'_{k+1}$ 和 $\hat{T}'_k$ 归为同一组；否则，$\hat{T}'_{k+1}$ 和 $\hat{T}'_k$ 属于不同的组。按照这种方式，将所有的候选转折点进行分组。然后，选出每组中对应的 $\Delta\bar{\tau}_t$ 取值最大的点，视为主要转折点之一。

综上，本书就提出了两个不同的转折点识别指标。第一个识别指标是基于小波领袖法的3阶多重分形参数，也就是 $\beta_3(t)$。第二个识别指标是小波领袖法与 DWT 的标度指数值之间差异的变动大小，也就是 $\Delta\bar{\tau}_k$。下面，本书将这两个转折点识别指标应用于两个最具代表性的股价指数中，即上证指数和道琼斯指数，并检验它们的识别效果。

6.2　数据与识别结果

美国股市是目前全世界市值最大、最为发达的股票市场，被视为全球股市的风向标。中国股市是全球最大的新兴市场，对各国金融市场都产生了相当大的影响，日益受到世界各国投资者的关注。准确识别这两个极具代表性的股票市场的转折点对于全球投资者来说意义重大。另外，为了获取更多的信号，应尽量使用较高频的数据。因此，本章选取道琼斯工业平均指数（DJIA）和上证综合指数（SSEC）的日度数据进行实证检验。

在应用上述指标识别转折点之前，需要先提取股价序列的周期成分。正如前文第3章所介绍的，提取股价周期成分的方法有很多，本书按照以下思路选取合适的分解方法。首先，利用修正的对数周期图法和完全扩展的局部 Whittle 法（Abadir et al.，2007）估计上证指数和道琼斯指数的差分阶数，其结果都在10%的水平下显著不为1。其次，本章主要从技术分析的角度介绍识别股市转折点的指标，故只关注股价序列本身，不关注宏观经济层面的影响因素。因此本节主要选取针对单变量分数阶整合的趋势与周期分解方法（见第3章）。基于 ARFIMA 模型、ARFIMA-GARCH 模型以及 ARFIMA-STGARCH 模型分解得到的周期成分，应用上述两个指标对其进行转折点识别，结果相差无几，为了节省篇幅且避免内容重复，本节只报告 ARFIMA 模型的分解结果及转折点识别效果。另外，为了体现利用分数阶模型分解股价周期成分并进行转折点识别的优越性，本书在附录中展示了基于 ARIMA 模型的（BN 分解）周期成分及转折点识别结果。

吴亮等（2014）曾通过模拟研究表明，对于非平稳序列而言，利用修正的对数周期图法估计分数阶差分阶数的偏差最小。因此，本章利用对数周期图法估计股价序列的差分阶数 d。对数周期图回归中选取的带宽为 $[T^{0.8}]$，T 为训练样本的长度。在市场转折点的识别过程中，滑动窗口的宽度为256。

6.2.1 道琼斯工业平均指数

DJIA 的测试样本期为2009年1月2日—2020年3月31日。将1996年1月4日—2008年12月31日的日度收盘价格指数作为训练样本，用来估计 ARFIMA 模型。根据 AIC 选择最优滞后阶数，估计的 ARFIMA 模型如下：

$$(1 + 0.010L + 0.046L^2 - 0.042L^3)(1-L)^{0.953}P_t = \varepsilon_t \tag{6-7}$$

式中，P_t 表示股价指数，L 为滞后算子。令 $u_t = (1-L)^{0.953}P_t$，根据式（3-43）可得，

股价指数的周期成分 c_t 满足下列等式：

$$c_t = 0.922 \times (0.085u_t - 0.023u_{t-1} - 0.033u_{t-2})\qquad(6\text{-}8)$$

然后将测试样本代入上述模型，得到 DJIA 的周期成分如图6-1所示。该周期成分大致分布在 –50 至 100 之间，并且在2011年下半年、2015年下半年以及2018年年初至样本末期三个阶段的波动性相对较大。

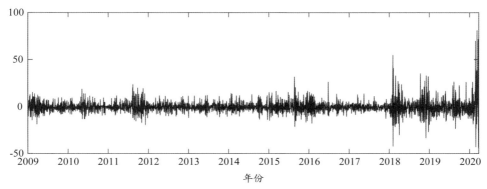

图6-1　DJIA 的周期成分

基于上述周期成分，选取 db2（Daubechies 2）为母小波[①]，利用小波领袖法得到多重分形参数和标度指数，并按照第6.1节介绍的方法构造出两个转折点识别指标序列——$\beta_3(t)$ 和 $\Delta\bar{\tau}_t$，其中参数 ρ 设定为300[②]。识别结果如图6-2所示，其中图6-2（a）中实线为 DJIA 的原始序列，圆形标记表示根据指标 $\beta_3(t)$ 识别出的转折点，方块标记表示根据指标 $\Delta\bar{\tau}_t$ 识别出的转折点。图6-2（b）和图6-2（c）分别表示 $\beta_3(t)$、$\Delta\bar{\tau}_t$ 及其依照规则 I、规则 II 所识别的转折点。

[①] 关于母小波的选择依据，目前还未找到相关的文献资料。作者一一对比了 db2～db12 为母小波时的识别效果，发现只有细微的差异。作者推测这种细微的差异主要源于不同的 db 小波波形和信号之间的匹配程度不同；匹配程度越高，识别效果越好。基于以上考虑，在识别 DJIA、SSEC 的转折点时，分别选择 db2、db10 为母小波。

[②] 根据 Bai 等（2015）、Chen（1996）的观点，对于股票市场的上涨－下跌周期而言，初级周期长度一般是 3～7 年，中级周期长度一般是 3～18 个月，短周期一般是 6～12 周。本书主要关注初级上涨－下跌周期，因此设置 DJIA 的两个转折点之间不少于 300 个交易日。

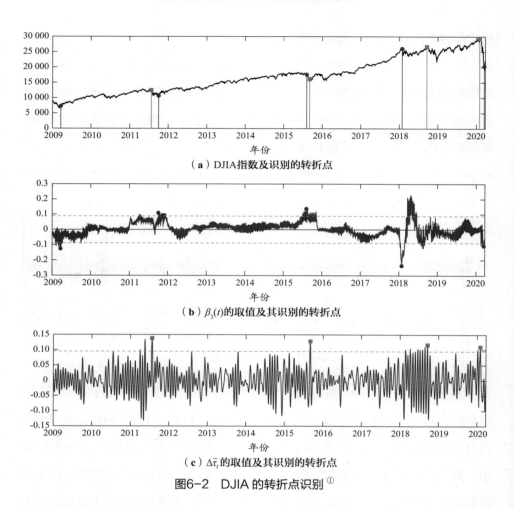

（a）DJIA指数及识别的转折点

（b）$\beta_3(t)$的取值及其识别的转折点

（c）$\Delta\bar{\tau}_t$的取值及其识别的转折点

图6-2　DJIA 的转折点识别 [①]

　　众所周知，美国股市在2007年次贷危机爆发后经历了暴跌，直到2009年初，在美联储量化宽松政策的刺激下，市场才逐渐复苏。这次复苏的起点是2009年3月，实际上这正是样本期内 DJIA 的第一个转折点。这一转折点与样本起点非常接近，从而增加了识别的难度。即便如此，$\beta_3(t)$ 仍成功识别了这一点。遗憾的是，$\Delta\bar{\tau}_t$ 没有给出任何信号。除此之外，对于样本期内的其他转折点，两个指标都给出了较准确的信号。从图6-2（a）中可以看出，在整个测试期间，

―――――――――――――

① 圆形标记、方块标记分别表示根据 $\beta_3(t)$、$\Delta\bar{\tau}_t$ 识别出的转折点；虚线表示95%置信界。此图中的相关注释也适用于后续的图。

DJIA 整体呈上升趋势，但也经历了四次大幅下跌。更具体地说，第一次大幅下跌是在2011年8月，美国主权债务危机爆发，全球市场恐慌情绪蔓延，全球股市暴跌，同时 DJIA 也创下了自2008年金融危机以来最大单日跌幅。对于这一次下跌，$\Delta\bar{\tau}_t$ 给出了及时的信号。市场大约在经历了15个交易日的大幅下跌后逐渐企稳。经过两个月的平静期后，市场开始反弹。$\beta_3(t)$ 准确地识别出了这次反弹的起点。第二次大跌发生在2015年8月，由于经济衰退预期引发的短期金融恐慌，全球大多数股票市场，特别是欧洲和亚太地区股市大幅下跌；DJIA 也难以抵御外部市场集体下跌的传导效应，从而趋于下跌。$\beta_3(t)$ 给出了这次下跌的警示信号，而 $\Delta\bar{\tau}_t$ 识别了这次下跌的底部。也就是2015年10月，DJIA 触底后快速反弹，但这次上涨持续时间较短。受经济小幅衰退的影响，2016年1月又出现小幅回落，然后进入平稳上升期，经历了典型的双底调整过程。

第三次大跌发生在2018年，对美国股市来说这是极不寻常的一年，因为在"史上第一长牛"的背景下，DJIA 经历了数次大跌。$\beta_3(t)$ 检测到的转折点是在2018年年初，与现实情况相符。部分投资者认为，年初的这次下跌是 DJIA 经历长期"牛市"后的正常调整。经历了几个月的盘整期后，DJIA 在2018年第3季度呈现短暂上升趋势，并再次回到峰值。遗憾的是，从2018年10月开始，DJIA 频繁出现下跌，整体跌幅较大；这一转折点被 $\Delta\bar{\tau}_t$ 准确识别。部分研究者认为此次暴跌的背后，是投资者对美联储加息和全球经济增长放缓趋势的担忧。在测试样本末期，随着新型冠状病毒疫情在全球范围内蔓延，流动性危机和全球经济的深度衰退导致了 DJIA 的第四次也是最大的一次下跌。DJIA 从2020年2月的峰值开始大幅下落，并在短时间内多次触发熔断机制。这一次，$\Delta\bar{\tau}_t$ 及时发现并预警了金融风险，而 $\beta_3(t)$ 识别了超跌反弹的起点。[①]

---

① 若使用 ARIMA 模型对道琼斯指数进行建模，并根据 BN 方法进行趋势周期分解，这样做会大大降低转折点识别结果的准确性（ARIMA 模型的分解及转折点识别结果见附录中的图 A-1 与图 A-2）。

6.2.2　上证综合指数

SSEC 的测试样本期为2013年1月4日—2020年3月31日。将2005年1月4日—2012年12月31日的日度收盘价格指数作为训练样本 [①]，用来估计 ARFIMA 模型。根据 AIC 选择最优滞后阶数，估计的 ARFIMA 模型如下：

$$(1 + 0.135L + 0.086L^2 - 0.064L^3 - 0.073L^4 - 0.018L^5 + 0.049L^6)\Delta^{1.049}P_t = \varepsilon_t \quad （6\text{-}9）$$

式中，P_t 表示股价指数，L 为滞后算子，$\Delta = 1 - L$。令 $u_t = \Delta^{1.049}P_t$，根据式（3-43）可得，股价指数的周期成分 c_t 满足下列等式：

$$c_t = 0.920 \times (0.116 - 0.019L - 0.105L^2 - 0.041L^3 + 0.032L^4 + 0.049L^5)u_t \quad （6\text{-}10）$$

然后将测试样本代入上述模型，得到 SSEC 的周期成分如图6-3所示。该周期成分在大多数时期都相对较小，然而在2015—2016年以及2020年第1季度取值较大且伴随着大幅波动。这两个阶段对中国股市来说的确不同寻常。

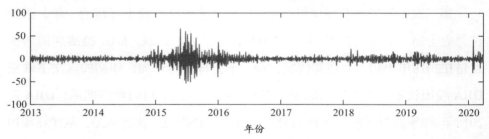

图6-3　SSEC 的周期成分

基于上述 SSEC 的周期成分，选取 db10为母小波，同样地，利用小波领袖法得到多重分形参数和标度指数，并构造出两个转折点识别指标序列——$\beta_3(t)$ 和 $\Delta\bar{\tau}_t$。与 DJIA 相比，总体上 SSEC 的波动性更大，因此市场发生转折的频率可能更高，两个转折点之间的间隔将会更小，因此将 SSEC 的参数 ρ 设定为150。识别结果如图6-4所示，其中图6-4（a）中实线为 SSEC 的原始序列，圆形标记、方块标记分别表示根据 $\beta_3(t)$、$\Delta\bar{\tau}_t$ 识别出的转折点。图6-4（b）和图6-4（c）分别绘制了 $\beta_3(t)$、$\Delta\bar{\tau}_t$ 及其识别的转折点。

[①] 为了使识别效果更好，训练样本与测试样本的长度应尽量一致、分布应尽量相似。

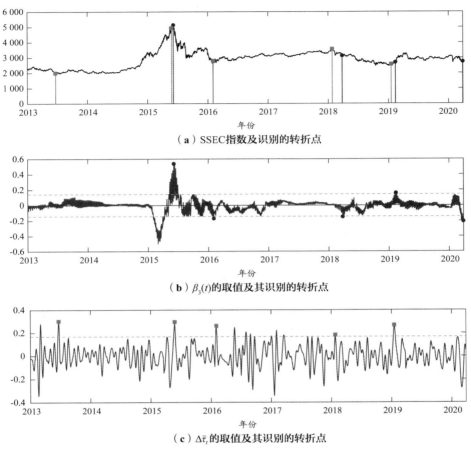

（a）SSEC指数及识别的转折点

（b）$\beta_3(t)$ 的取值及其识别的转折点

（c）$\Delta\bar{\tau}_t$ 的取值及其识别的转折点

图6-4　SSEC 的转折点识别

图6-4显示，两个指标 $\beta_3(t)$ 和 $\Delta\bar{\tau}_t$ 都识别出了5个转折点。在样本初期和样本末期附近，两者的识别结果有所不同。除此之外，两者的识别结果几乎保持一致。众所周知，2014年中期至2015年中期，中国股市经历了一段疯狂的上涨期。在此之前，上证指数经历了数年的持续下跌，并于2013年6月触底，这一底部被 $\Delta\bar{\tau}_t$ 准确识别。从这一转折点开始，上证指数进入一段较长时间的平静期。2014年，随着中国经济体制改革的全面启动，中国股市步入快速增长阶段。自2014年年中开始，仅一年时间 SSEC 就从2 000左右涨到了5 000多。然而，这种异常的繁荣并没有持续多久。2015年6月，中国股市开始崩盘。$\beta_3(t)$

和 $\Delta\bar{\tau}_t$ 都成功识别了这一重要转折点。前者识别的转折点与实际的转折点完全契合，后者提前了几个交易日。部分学者认为（例如，方意 等，2020），2015年我国股市从暴涨到暴跌的异常波动主要是高杠杆融资造成的。随着泡沫的破灭，市场能量迅速释放。直至2016年年初，市场才逐渐企稳。这一崩盘后的底部转折点也被 $\beta_3(t)$ 和 $\Delta\bar{\tau}_t$ 成功识别了。此后，市场进入修复期，SSEC 呈现出缓慢上涨的态势。

2018年第1季度，受外部市场回调、内部风险因素积聚、中美贸易争端激化等因素影响，SSEC 又开始了新一轮的下跌。$\Delta\bar{\tau}_t$ 给出的转折点信号是在2018年1月，与现实情况完全相符。$\beta_3(t)$ 识别的转折点有所滞后，是在2018年3月；这正是中美贸易争端开始的时候。受内部与外部因素的共同影响，2018年全年我国股票市场情绪低迷。直到2019年第1季度，在宽松的货币政策和社会融资增速不断回升等环境下，市场才开始复苏。$\beta_3(t)$ 和 $\Delta\bar{\tau}_t$ 都成功识别了这一复苏的起点。最后，$\beta_3(t)$ 还成功识别了处于样本末期的一个转折点，而 $\Delta\bar{\tau}_t$ 对此没有给出任何信号。就像 DJIA 中被检测到的最后一个转折点一样，作者认为该点是 SSEC 受 COVID-19疫情影响而导致市场剧烈波动甚至发生转向的高风险点[①]。

6.3 对比 Bai 等（2015）的转折点识别方法

为了进一步证明本书提出的转折点识别方法的优越性，下面将与 Bai 等（2015）的方法进行仔细对比[②]。理论上，主要有三个方面的优势。首先，为了得到内部剩余，也就是周期成分，Bai 等（2015）首先运用指数移动平均法平

[①] 同样地，对于 SSEC，使用 ARFIMA 模型比使用 ARIMA 模型得到的转折点识别效果更好；ARIMA 模型的分解及识别结果见附录中图 A-3 与图 A-4。

[②] 选择与 Bai 等（2015）的结果进行对比的原因是，他们的方法和思路与本书有很大相似之处。思路上都是先提取周期成分，再根据周期成分的多重分形特征进行转折点识别；方法上都运用了小波分析法。

滑历史股票价格，然后利用多项式模型和逆指数移动平均变换来获取价格的趋势成分，从而分解出周期成分。这意味着他们将股价视为趋势平稳序列，而不是差分平稳序列，同时也没有考虑到股价中随机性趋势的存在。这可能导致价格序列中的一部分长期成分被纳入周期成分中，从而使得估计的内部价格（也就是趋势成分）过于平滑。不能准确获取股价周期成分可能会影响转折点识别及趋势预测的准确性。本书利用 ARFIMA 模型来分解股价的趋势和周期成分，不仅考虑了股价序列中的随机性趋势，还将其视为分数阶差分平稳过程。

其次，他们使用 DWT 提取周期成分的中频信号，并分析该信号的斜率的动态变化，从而提出一个转折点识别指标，记为 SL_t。这一过程中，在过滤周期成分的高频和低频信号时，可能会遗失掉一些重要的转折点识别信号。本书利用小波领袖法直接计算周期成分的标度指数和多重分形参数，不会遗漏重要的信号。最后，正如前文第6.1节所介绍的那样，Bai 等（2015）使用的经典 DWT 方法虽然具有强大的多重分形分析功能且已被广泛应用，但也被证明是有缺陷的。本书采用更为先进的小波领袖法，不仅继承了 DWT 的优点，同时也克服了 DWT 的缺陷。

实证上，将本书提出的两个指标 $\beta_3(t)$ 和 $\Delta\tau_t$，以及 Bai 等（2015）提出的指标 SL_t 运用到相同的样本中，对比它们的转折点识别效果。为了节省篇幅，本节只详细分析 SSEC 的测试结果。为了与 Bai 等（2015）之间有一个直接的对比，本书选取与他们完全相同的训练样本和测试样本，即训练样本包括1999年1月4日—2004年12月31日的日度收盘价格序列，测试样本期为2005年1月4日—2013年12月31日。利用训练样本估计得到的 ARFIMA 模型如下：

$$(1 + 0.062L + 0.056L^2 - 0.033L^3)\Delta^{1.001}P_t = \varepsilon_t \qquad (6\text{-}11)$$

令 $u_t = \Delta^{1.001}P_t$，根据式（3-43）可得，股价指数的周期成分 c_t 满足下列等式：

$$c_t = 0.922\times(0.085u_t - 0.023u_{t-1} - 0.033u_{t-2}) \qquad (6\text{-}12)$$

然后将测试样本代入上述模型，得到 SSEC 的周期成分如图6-5所示。该周期成分大约在 –40至50之间，然而 Bai 等（2015）分解的周期成分在 –600至600

之间（见该文献中的图11）。显然，后者比前者要大得多，进一步验证了上述理论分析。尽管如此，这两个周期成分仍具有相似的波动特征，例如2007—2009年波动性较大，而其他时间波动性较小。

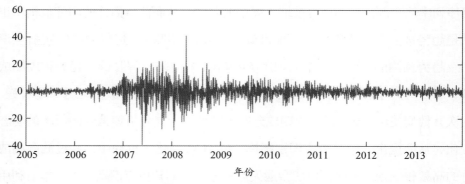

图6-5　SSEC 的周期成分

　　基于图6-5的周期成分，选取db10为母小波，并构造出本书介绍的两个识别指标。三个指标 [$\beta_3(t)$、$\Delta\bar{\tau}_t$ 以及 SL_t] 的转折点识别结果如图6-6所示。其中，黑色圆形标记、灰色方形标记、灰色圆形标记分别表示根据 $\beta_3(t)$、$\Delta\bar{\tau}_t$、SL_t 所识别的转折点。对于样本期内第一个关键的转折点（记为 T_1），也就是2007年股市繁荣的起点，$\beta_3(t)$ 与 $\Delta\bar{\tau}_t$ 检测到的时间点分别是在2005年10月与2006年8月。然而，SL_t 识别的转折点是在2007年1月；很显然，在2007年之前 SSEC 的上升趋势已经形成并已持续了较长一段时间。事实上，大家普遍认为我国股市的此次"牛市"行情开始于2005年6月，结束于2007年10月[①]。相比之下，$\beta_3(t)$ 识别的结果最为准确，$\Delta\bar{\tau}_t$ 提示的2006年8月是市场加速上涨的起点，SL_t 的识别结果比实际晚了13个月。另外，根据三者的识别结果，从长远来看，投资者无论是在2005年10月还是2006年8月进入市场，都有很大概率比在2007年1月进入市场获得的收益更多，承担的风险更小。因为2007年1月 SSEC 的价格在整个样本内处于相对较高的水平，然而2005年10月或2006年8月这两个时间点几

---

① 本书第 2 章对 SSEC 进行"牛熊"周期划分后得到的转折点也是这一时间点。

乎是 SSEC 在整个样本期内的最低点。因此，本书的方法确定的两个时间点比 Bai 等（2015）更为准确，对投资者而言也更有意义。

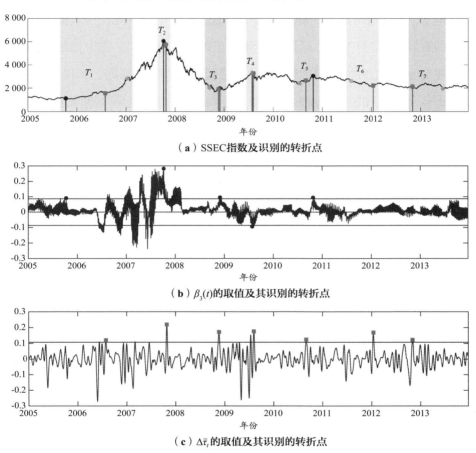

（a）SSEC指数及识别的转折点

（b）$\beta_3(t)$的取值及其识别的转折点

（c）$\Delta\bar{\tau}_t$的取值及其识别的转折点

图6-6　$\beta_3(t)$、$\Delta\bar{\tau}_t$以及 SL_t 的转折点识别效果对比[①]

这种上升趋势一直持续到2007年10月，也就是第二个转折点（记为 T_2），市场开始崩盘。三个指标都成功地确定了这一转折点。此次崩盘主要受美国次贷危机蔓延、全球经济衰退、市场融资规模扩大以及国内货币紧缩政策升级等因素共同影响所致。直到2008年年底，我国政府采取一系列积极的宏观政策和

---

① 黑色圆形标记、灰色方形标记、灰色圆形标记分别表示根据 $\beta_3(t)$、$\Delta\bar{\tau}_t$、SL_t 所识别的转折点。$\beta_3(t)$ 和 $\Delta\bar{\tau}_t$ 是本书提出的两个转折点识别指标，是 Bai 等（2015）提出的转折点识别指标。

财政政策刺激经济复苏，此次股灾级暴跌才总算告一段落，市场转跌为涨，从而出现了第三个转折点（记为 T_3）。$\beta_3(t)$ 和 $\Delta\bar{\tau}_t$ 识别的 T_3 与实际值几乎保持一致，但 SL_t 识别的结果大约提前了一个季度。好景不长，此次由政策主导的上升趋势在2009年7月下旬（记为 T_4）攀升至顶峰。对于 T_4，三个指标的检测结果几乎完全一致。此后，市场进入了一段较长时间的震荡期。2010年下半年，受欧洲债务危机和国内宏观政策的双重影响，SSEC 在经历短期回落后再次反弹至年初水平。此次短暂的反弹开始于2010年7月，结束于2010年11月；SL_t 识别了反弹的起点，而 $\beta_3(t)$ 识别了反弹的终点。由于这两个时间点间隔非常近，本书将其视为同一个转折点，记为 T_5。站在投资者的角度来看，$\beta_3(t)$ 所识别的 T_5 更有意义，因为它不仅是此次短期反弹的终点，而且是未来数年漫长"熊市"的起点。因此，对于 T_5 的识别结果，本书的方法也略胜一筹。

从2010年11月开始，在随后的三年内 SSEC 一直呈缓慢下行趋势。从长期来看，这三年内没有出现明显的转折点。不过，$\Delta\bar{\tau}_t$ 和 SL_t 仍识别出了两个转折点，也就是 T_6 和 T_7，实际上它们更像是高波动点而不是转折点，因为市场整体趋势一直向下，并没有明显的上升迹象。即便如此，就 T_7 的识别结果而言，$\Delta\bar{\tau}_t$ 检测到的时间点比 SL_t 检测到的时间点更加值得关注。因为在2012年11月召开的中国共产党第十八届中央委员会第一次全体会议上，习近平当选为中央委员会总书记、中央军事委员会主席。SSEC 对此作出了积极反应，$\Delta\bar{\tau}_t$ 便及时地发出了信号。

总的来说，在上述提到的7个转折点（$T_1 \sim T_7$）中，三个指标在其中3个点上的表现几乎相同，但对于其余4个点，本书提出的方法比 Bai 等（2015）的方法表现更为突出。具体而言，三个指标都成功识别了最重要的转折点 T_2 以及 T_4，另外本书的 $\Delta\bar{\tau}_t$ 和 Bai 等（2015）的 SL_t 所识别的 T_6 都不是关键的转折点；因此在这3点上表现相当。对于 T_1、T_3、T_5 以及 T_7，正如前文所述，本书的方法识别效果更好。因此，无论是理论上还是实证上，本书基于分数阶单整模型提取股价周期成分，并利用小波领袖法构建的两个市场转折点识别指标比

Bai 等（2015）提出的指标更具优势。

6.4　本章小结

市场转折点识别是一项具有重要意义又极具挑战性的任务。尽管 Zheng 等（2013）、Bai 等（2015）提出的自适应系统框架为综合分析股票市场的复杂动态提供了强大的工具，但该系统中的内部模型和转折点识别指标仍存在一些不足之处。为了得到更为准确的识别结果，理论上，首先对股价指数建立 ARFIMA 模型并进行趋势与周期分解。该方法不仅考虑了随机性趋势的存在，而且可以对分数阶或1阶差分平稳过程进行建模。因此，本章采用的内部模型更加有效，尤其是针对具有潜在长记忆特性的股票市场。其次，DWT 有两个方面的局限性——它的结构函数对于负阶矩不适用，并且它的标度指数不能用于包含振荡奇点的信号。为了突破上述局限性，Lashermes 等（2005）、Jaffard 等（2006）提出了小波领袖法。本章通过使用该方法分析股价周期成分的多重分形特征，从而提出两个转折点识别指标。第一个指标是基于小波领袖法的3阶多重分形参数 $\beta_3(t)$；第二个指标是小波领袖法与 DWT 的标度指数值之间差异的变动大小 $\Delta \bar{\tau}_k$。

实证上，本章将上述两个指标应用于两个最具代表性的股价序列——DJIA 和 SSEC 中，并证实了它们都具有良好的转折点识别功能；它们既相互补充又相互验证。另外，当测试相同的样本数据时，本书的方法比 Bai 等（2015）的方法更具优势。最后值得注意的是，本章所介绍的方法的应用范围不仅限于股票市场，还可应用于其他经济金融时间序列或其他金融市场。

第7章 总结与启示

7.1 研究结论

在当今经济全球化的大背景下，股票市场作为金融市场的重要组成部分，不仅为企业融资和投资者财富增值提供了平台，更是宏观经济发展的重要晴雨表。我国股票市场自成立以来，虽然取得了长足的发展，但其运行特征、风险因素及与宏观经济的关系尚未得到充分揭示。特别是在当前经济转型升级的关键时期，深入研究我国股市的运行规律，对于防范金融风险、促进资本市场健康发展、实现宏观经济稳定增长具有重要的理论价值和现实意义。

本书首先根据我国股票市场和宏观经济增长的历史数据，探究我国股市的典型运行特征，并找到了我国股市存在趋势与周期的经验证据。然后详细回顾了现有的普遍用于经济周期研究中的趋势与周期分解方法，并基于这些经典方法进行拓展，提出了适用范围更广的分数阶差分平稳过程的趋势与周期分解方法。在单变量的分解中，既考虑了变量的长记忆特性，又考虑了变量中潜在的结构性变化。在多变量分解中，既考虑了各变量的长记忆性与结构性变化，又考虑了变量间的分数阶协整关系，以及协整关系中存在的结构性变化。接下来，将这些方法应用于我国股市与宏观经济、投资者预期之间关系的研究中。从长期的角度，通过建立简单定价模型，寻找影响我国股市运行的宏观经济变量；并根据多变量的趋势与周期分解结果，判断影响我国股市运行的关键基本面因素。从短期的角度，通过建立基于生产率的考虑了投资者外推预期的资产定价模型，探究投资者外推预期在解释我国股市风险溢价及周期波动特征方面的重要作用；通过建立包括投资者预期、股价周期成分等变量的 SVAR 模型，分析它们之间的短期影响机制。最后，基于股价指数的趋势与周期分解，并应用小波领袖法分析股价周期成分的多重分形特征，提出能够准确识别股票市场转折点的方法。研究结果表明：

其一，从上证指数本身的运行特征来看，第一阶段（1991年1月—1999年2月）表现为涨多跌少、牛长熊短且伴随着剧烈波动，并且与宏观经济变量之间的关联性非常微弱。而第二阶段（1999年2月—2020年6月）的涨跌幅度、波动大小以及波动形态，与1915年1月—1953年8月的道琼斯指数较为相似，表现为涨跌相当、大幅波动、急涨急跌。但不同的是，上证指数在第二阶段整体上表现为牛短熊长，而道琼斯指数则长期表现为牛长熊短。同时，随着我国股市的不断发展，上证指数与宏观经济变量之间的关联性有所增强，但仍然较弱。另外，上证指数与许多成熟市场中的股价指数类似，存在一定程度的均值回复现象、长记忆性和条件异方差性。由此说明，我国股价指数中也包含了趋势成分和偏离其长期趋势的周期成分，且具有一定程度的可预测性。

其二，在过去的30多年里，我国股价指数的长期低迷与宏观经济的高速增长之间呈现出一种相互背离的态势，其主要原因在于生产率增速缓慢。在由投资拉动的经济高速增长的环境下，一些上市公司由于技术水平低下导致业绩成长滞后，企业价值的增长在相当程度上低于宏观经济的增长水平，从而导致了股价与经济增长相背离的异象。具体而言，从长期趋势层面，本书发现了股价与宏观经济基本面因素之间存在着非常紧密的关联性，其中影响股价最关键的因素就是衡量技术发展水平的全要素生产率，其次是产出 - 资本比率。但产出 - 资本比率在不同的经济发展阶段对股价的影响会有所不同，这取决于拉动经济增长的主要动力是投资还是消费，因此具有不确定性。

其三，从短期来看，股价波动与宏观经济基本面因素的波动之间存在较大差异。然而，投资者对股价增长的非理性外推预期是影响我国股市收益大幅波动的关键因素，它能够在很大程度上解释我国股市的波动性之谜。换句话说，股价周期成分除了受其自身的主要影响之外，投资者外推预期的影响作用最为关键。另外，PPI 增速在短期内对股价周期成分也会起到一定的正向影响作用。

其四，基于股价指数的周期成分进行多重分形特征分析得到的两个指标：一是基于小波领袖法的3阶多重分形参数 $\beta_3(t)$，二是小波领袖法与 DWT 的标度指数值之间差异的变动大小 $\Delta \bar{\tau}_l$，在识别关键转折点及高风险点方面都有良好的表现；它们既相互补充又相互验证。另外，当测试相同的样本数据时，本书的两个识别指标比 Bai 等（2015）的识别指标更具优势。

7.2 研究展望

本书建立了一个较为系统的用来分析我国股市长期趋势与周期波动的研究框架，并且不管是从理论上还是实证上都得到了具有创新意义和现实意义的研究结论。尽管如此，这项研究工作中仍存在着许多值得进一步思考和讨论的问题：

其一，本书的研究视角主要聚焦于宏观层面，以上证综合指数为研究对象，探讨了我国股市与宏观经济、投资者行为之间的相互作用和影响。这一研究视角为我们理解股市的整体波动提供了宝贵的宏观视角。然而，股票市场的复杂性在于它不仅受宏观经济因素的影响，还受到行业特性和公司个体行为的影响。因此，在未来的研究中，我们可以进一步拓展研究范围，从微观角度出发，探究不同行业或不同板块的股价指数是否也呈现出与上证综合指数相似的规律性。例如，我们可以分别研究金融、科技、消费品、能源等行业的股价指数，分析它们与宏观经济、投资者行为之间的关系是否存在行业差异。这样的研究不仅能为我们提供更加细致的市场分析，还能帮助投资者和决策者更好地理解各行业在股市中的表现和风险特征，从而为行业投资策略的制定和行业政策的出台提供科学依据。

其二，本书在第2章中发现，对于上证指数，同时考虑长记忆性和条件异方差性的模型比只考虑其中之一或者两者都不考虑的模型具有更好的模拟效果。尽管如此，本书只提出了单变量情形下同时考虑长记忆性和条件异方差性的建模和分解方法。在实际的股市环境中，各个资产之间的相互作用和联动性是不可避免的，这就要求我们在多变量环境下进行更为深入的研究。未来的研究应当考虑如何将这一方法扩展到多变量模型中，以实现对多个相关联的股价指数或金融资产构建同时具有长记忆性和条件异方差性的计量模型，并进行有效的趋势周期分解。

其三，受限于数据的可得性，不管是股价指数，还是宏观经济变量，本书中所使用的都是季度数据。在探讨我国股市与宏观经济变量之间关系的长期趋势时，季度数据的粒度和覆盖范围确实能够提供足够的洞察力，使得我们能够合理地识别和解读这些变量之间的相互作用和长期模式。然而，当我们将研究视角转向短期，特别是当试图揭示我国股市的暂时性成分与投资者预期之间的微妙联系时，季度数据的局限性便显现出来。我国股市具有鲜明的特点，其中个体投资者占据较大比例，他们的交易行为往往更为频繁，持股周期相对较短。这种短期交易行为可能会在股市中产生快速而剧烈的波动，而这些波动在季度数据中可能无法得到充分的体现。因此，为了更准确地捕捉到这些短期动态，使用更高频的数据进行分析显得尤为重要。高频数据能够提供更细致的时间序列信息，有助于我们更精确地识别市场中的暂时性成分，以及它们与投资者预期之间的实时关联。未来研究中，如何协调长期与短期研究视角下数据频率的选择，是一个值得深入探讨的问题。

其四，在分析投资者预期与股价周期成分之间的关系时，由于没有较权威的调查数据或替代指标可以用来准确衡量投资者的预期，所以本书使用了模拟数据。虽然模拟数据能够在一定程度上帮助我们理解这种关系，但其与实际情况之间可能存在偏差，这无疑给研究的精确性和结论的可信度带来了一定的限制。在未来的研究中，如果能够获取到合适且能够准确反映投资者预期的现实数据，将大幅提升这项工作的严谨性和可信度。例如，可以探索以下几种途径来获取这类数据：第一，利用问卷调查和访谈等直接调查手段，定期收集投资者的预期信息，构建投资者预期的时间序列数据；第二，分析金融新闻报道、市场分析师报告、社交媒体上的讨论等文本信息，通过自然语言处理技术提取投资者情绪和预期。

其五，本书在利用股价周期成分识别转折点时，使用了单变量的分解方法。这种方法有其独特的优势，如操作上的简便性和在不同股票市场中的普遍适用性。基于该方法，本书提出了两个基于技术分析的转折点识别指标，这些指标在一定程度上能够帮助投资者和市场分析师捕捉市场趋势的变化。然而，作者也认识到，单变量分解方法主要依赖于技术分析，而技术分析往往缺乏充分的理论基础，其有效性在很大程度上依赖于市场假设和特定条件。这意味着，尽管该方法能够在一定程度上预测市场转折，但其预测结果的可靠性和稳定性可能受到限制，特别是在面对复杂多变的金融市场环境时。为了进一步提高转折点识别的准确性和效率，未来的研究可以考虑将技术分析与基本面分析相结合，从而为投资者和市场分析师提供更为精准的市场预测工具。

7.3 研究启示

7.3.1 着力提升全要素生产率

本书的研究结论表明，我国全要素生产率不仅与股票市场有着潜在的共同趋势，而且生产率冲击尤其是长期冲击是影响股票市场收益率和风险溢价的关键。正如习近平总书记先后在党的十九大报告、党的二十大报告中指出，"推动经济发展质量变革、效率变革、动力变革，提高全要素生产率，……不断增强我国经济创新力和竞争力""着力提高全要素生产率，……推动经济实现质的有效提升和量的合理增长"，生产率的提升不仅能够增强企业盈利能力，还能提高企业的市场价值，从而推动股价上升。因此，政策制定者应从以下几个方面入手着力提升全要素生产率：

其一，应加大对科技研发的财政支持，重点支持关键技术领域的自主创新，尤其是在绿色技术、数字技术、智能制造等具有高附加值的领域。通过设立专项基金、提供税收优惠等政策手段，鼓励企业和科研机构加大研发投入，推动技术突破和产业应用，提升产业整体技术水平。同时，加强创新成果的转化与推广，促进技术进步对经济增长的贡献，增强产业的国际竞争力和可持续发展能力。

其二，应优化教育与人才培养模式，推动产学研深度融合，紧密对接产业需求，培养适应技术变革的高技能人才。加强高等教育与职业培训的协同发展，注重实践能力培养，提升劳动者的素质与技能水平，特别是在新兴行业如人工智能、绿色能源和智能制造等领域。引导校企合作，促进人才培养与行业发展的无缝衔接，确保企业获得所需的高技能人才，从而推动生产效率提升与产业转型升级。

其三，应改善法律和制度环境，为企业创新创造良好条件，减少制度性障碍，优化资源配置效率，增强市场活力。通过完善知识产权保护、降低创新风险等措施，激发企业的创新动力。同时，推广现代化企业管理制度，鼓励企业优化内部管理流程，提升管理效率和决策质量，推动企业提升竞争力和生产效率，助力产业高质量发展。

7.3.2　加强引导市场理性预期

本书的研究结论表明，投资者的非理性外推预期是引发股市短期波动的重要因素。正如习近平总书记在2023年中央金融工作会议指出，"维护金融市场稳健运行，规范金融市场发行和交易行为，合理引导预期"①，因此，政策应当加强对投资者预期的引导与管理：

其一，应加强对投资者的金融教育，引导树立理性投资观念，减少盲目跟风和短期投机行为。通过媒体、教育平台等多种渠道，普及金融知识，特别是风险管理与资产配置的基本理念，帮助投资者正确评估市场风险与收益，增强其对金融产品和市场波动的理解，培育具有前瞻性和长期理性的投资行为范

---

① 人民日报.中央金融工作会议在北京举行 [N].人民日报，2023-11-01（01）.

式，减少非理性行为对市场的负面影响，促进资本市场的稳定与健康发展。

其二，应加强对市场操纵、内幕交易等违法行为的打击力度，减少非理性炒作现象，维护市场公平性和公正性。加大对违规行为的执法力度，健全监控体系，强化惩罚措施，形成有效的威慑力。通过严格的市场监管和灵活的政策干预，及时发现并遏制异常交易，防止市场被人为操纵，减少价格扭曲与投机性波动，确保市场运行更加透明、健康，提升投资者的信任度，促进资本市场的长远发展。

其三，应完善信息披露制度，确保上市公司及时、准确、完整地公开财务状况、经营业绩及其他重要信息，强化对信息披露的监管和审核力度，防止虚假陈述和误导性信息的传播，提升信息披露的规范性、真实性和透明度。通过确保信息的对称性，减少市场中的信息不对称现象，帮助投资者做出更加理性的决策，从而减少股市的异常波动，增强市场的稳定性。

7.3.3 加快构建良性互促机制

相关政策应加快构建实体经济与股票市场良性循环的互促机制，推动股票市场高质量发展，实现经济与金融的共生共荣。习近平总书记在主持中共中央政治局第十三次集体学习时指出，"金融活，经济活；金融稳，经济稳。经济兴，金融兴；经济强，金融强。"股票市场作为金融体系的重要组成部分，其定价效率和发展质量的高低直接关乎金融强国的建设和金融体系的兴衰。海外成熟市场经验也表明，股票市场等直接融资方式有助于改善金融结构，对支撑经济动能转换与创新发展发挥着重要作用。在新发展格局下，以无效的固定资产投资推动经济发展的旧模式不可持续，既不利于全要素生产率的提升和经济高质量发展，也有损于股票市场效率。因此，要加快构建良性互促机制：

其一，加强股票市场改革与创新发展，构建多层次资本市场体系，加快创新要素的流动，优化资源配置机制，提升资本市场的风险管理与分散功能。通过推出更多创新型金融产品，为不同行业、不同规模的企业提供多样化的融资渠道，吸引更多社会资本向创新、协调、绿色、开放、共享等关键领域集聚。通过政策引导和金融创新，推动股票市场与实体经济深度融合，促进创新驱动发展，助力经济结构优化升级，实现高质量发展目标。

其二，简化优质企业上市流程与健全市场退出机制，优化资源配置，提升资本市场对实体经济的支持作用。通过优化审批程序和提供上市扶持政策，降低优质企业上市的门槛和成本，鼓励更多符合条件的企业通过股票市场进行融资。构建更加健全的市场退出机制，确保经营不善或不具备持续经营能力的企业及时退出市场，释放资源支持更具活力的企业发展。

其三，推动股票发行注册制走深走实，从供给侧加快推进股票市场高质量发展。正如习近平总书记在2023年中央金融工作会议中指出，"更好发挥资本市场枢纽功能，推动股票发行注册制走深走实，发展多元化股权融资，大力提高上市公司质量"。围绕更好服务实体经济，促进新旧动能转换，培育创新发展动力，应加强股票市场制度设计和改革发展。目前，我国股票发行注册制正处于攻坚阶段，接下来应进一步完善注册制发行制度、加大对上市公司生产率水平和创新能力的考察，从供给侧推动股票市场高质量发展。

附录 基于1阶单整模型的转折点识别结果

具体见图 A-1 至图 A-4。

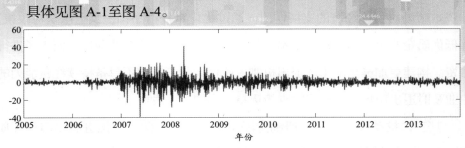

图 A-1 DJIA 的周期成分（基于 ARIMA 模型，即约束 $d=1$）

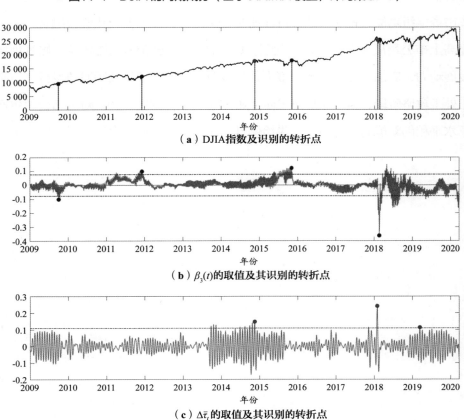

（a）DJIA指数及识别的转折点

（b）$\beta_3(t)$ 的取值及其识别的转折点

（c）$\Delta \bar{c}_t$ 的取值及其识别的转折点

图 A-2 DJIA 的转折点识别（基于 ARIMA 模型，即约束 $d=1$）

· 附录　基于1阶单整模型的转折点识别结果 ·

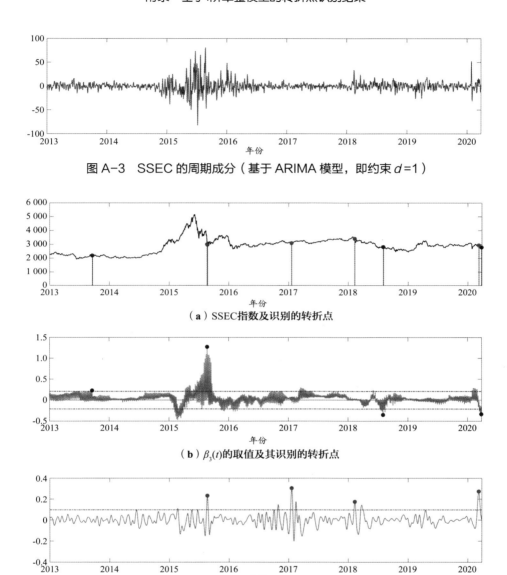

图 A-3　SSEC 的周期成分（基于 ARIMA 模型，即约束 $d=1$）

（a）SSEC指数及识别的转折点

（b）$\beta_3(t)$的取值及其识别的转折点

（c）$\Delta\bar{t}_t$的取值及其识别的转折点

图 A-4　SSEC 的转折点识别（基于 ARIMA 模型，即约束 $d=1$）

参考文献

◎ 包锋，徐建国，2015.异质信念的变动与股票收益 [J].经济学（季刊），14（4）：1591-1610.

◎ 陈昌兵，2014.可变折旧率估计及资本存量测算 [J].经济研究，49（12）：72-85.

◎ 陈国进，黄伟斌，TRIBHUVAN PURI，2014.宏观长期风险与资产价格：国际比较与中国经验 [J].世界经济，37（6）：51-72.

◎ 陈国进，尹鲁晋，赵向琴，2016.地方政府投资、产出资本比与股权溢价 [J].经济学动态（5）：87-101.

◎ 陈昆亭，周炎，龚六堂，2004.中国经济周期波动特征分析：滤波方法的应用 [J].世界经济，27（10）：47-56，80.

◎ 陈淼，王曦，2012.中国股市价格决定价机制的理性预期检验：基于股价现值红利模型的分析 [J].经济与管理研究，33（5）：66-72.

◎ 陈彦斌，2005.情绪波动和资产价格波动 [J].经济研究，40（3）：36-45.

◎ 崔丽媛，洪永淼，2017.投资者对经济基本面的认知偏差会影响证券价格吗?[J].经济研究，52（8）：94-109.

◎ 董直庆，魏永春，2002.股价内生增长、价格信号与管理者激励 [J].数量经济技术经济研究，19（6）：80-83.

◎ 杜婷，2007.中国经济周期波动的典型事实 [J].世界经济，30（4）：3-12.

◎ 方意，王晏如，荆中博，2020.P2P借贷市场与股票市场间的溢出机制：中国股市2015年异常波动期间的证据 [J].国际金融研究（4）：87-96.

◎ 高峰，宋逢明，2003.中国股市理性预期的检验 [J].经济研究，38（3）：61-69，91.

◎ 古明明，张勇，2012.中国资本存量的再估算和分解 [J].经济理论与经济管理（12）：29-41.

◎ 顾岚，刘长标，2001.中国股市与宏观经济基本面的关系 [J].数理统计与管理，20（3）：41-45.

◎ 郭克莎，2016.中国经济发展进入新常态的理论根据：中国特色社会主义政治经济学的分析视角 [J].经济研究，51（9）：4-16.

◎ 郭庆旺，贾俊雪，2005.中国全要素生产率的估算：1979—2004[J].经济研究，40（6）：51-60.

◎ 韩豫峰，汪雄剑，周国富，等，2014.中国股票市场是否存在趋势？[J].金融研究（3）：152-163.

◎ 何枫，2003.金融中介发展对中国技术效率影响的实证分析 [J].财贸研究，14（6）：48-52.

◎ 贺菊煌，1992.我国资产的估算 [J].数量经济技术经济研究，9（8）：24-27.

◎ 黄勇峰，任若恩，刘晓生，2002.中国制造业资本存量永续盘存法估计 [J].经济学（季刊），2（1）：377-396.

◎ 姜富伟，涂俊，DAVID E R，等，2011.中国股票市场可预测性的实证研究 [J].金融研究（9）：107-121.

◎ 蒋志强，田婧雯，周炜星，2019.中国股票市场收益率的可预测性研究 [J].管理科学学报，22（4）：92-109.

◎ 李稻葵，刘霖林，王红领，2009.GDP 中劳动份额演变的 U 型规律 [J].经济研究，44（1）：70-82.

◎ 李宏，2001.投资者预期对股票价格的影响 [J].世界经济，24（6）：19-22.

◎ 李云红，魏宇，张帮正，2015.股票市场历史信息的长记忆性特征研究 [J].

中国管理科学，23（9）：37-45.

◎ 李仲飞，肖仁华，杨利军，2014.基于集合经验模态分解技术的中国房地产周期识别研究 [J]. 经济评论（4）：108-121.

◎ 梁琪，滕建州，2005.股票市场、银行与经济增长：中国的实证分析 [J]. 金融研究（10）：9-19.

◎ 林建浩，王美今，2016.新常态下经济波动的强度与驱动因素识别研究 [J]. 经济研究，51（5）：27-40.

◎ 刘凤根，吴军传，杨希特，等，2020.基于混频数据模型的宏观经济对股票市场波动的长期动态影响研究 [J]. 中国管理科学，28（10）：65-76.

◎ 刘金全，刘志刚，2004.我国 GDP 增长率序列中趋势成分和周期成分的分解 [J]. 数量经济技术经济研究，21（5）：94-99.

◎ 刘少波，丁菊红，2005.我国股市与宏观经济相关关系的"三阶段演进路径"分析 [J]. 金融研究（7）：57-66.

◎ 吕江林，李明生，石劲，2007.人民币升值对中国股市影响的实证分析 [J]. 金融研究（6）：23-34.

◎ 马昕田，2012.我国股票市场运行特征及其与宏观经济波动的关联性研究 [D]. 长春：吉林大学.

◎ 孟庆斌，张永冀，汪昌云，2020.中国股市是宏观经济的晴雨表吗？：基于马氏域变模型的研究 [J]. 中国管理科学，28（2）：13-24.

◎ 欧阳志刚，彭方平，2018.双轮驱动下中国经济增长的共同趋势与相依周期 [J]. 经济研究，53（4）：32-46.

◎ 欧阳志刚，史焕平，2010.中国经济增长与通胀的随机冲击效应 [J]. 经济研究，45（7）：68-78.

◎ 欧阳志刚，2013.中国经济增长的趋势与周期波动的国际协同 [J]. 经济研究，48（7）：35-48.

◎ 秦宇，2008.应用经验模态分解的上海股票市场价格趋势分解及周期性分析 [J].中国管理科学（S1）：219-225.

◎ 阮连法，包洪洁，2012.基于经验模态分解的房价周期波动实证分析 [J].中国管理科学，20（3）：41-46.

◎ 单豪杰，2008.中国资本存量 K 的再估算：1952—2006年 [J].数量经济技术经济研究，25（10）：17-31.

◎ 沈利生，乔红芳，2015.重估中国的资本存量：1952—2012[J].吉林大学社会科学学报，55（4）：122-133，252.

◎ 宋玉臣，寇俊生，2005.沪深股市均值回归的实证检验 [J].金融研究（12）：55-61.

◎ 宋玉臣，李楠博，2014.股票市场与经济增长的匹配性研究 [J].求索（4）：99-104.

◎ 孙开连，王凯涛，张家恩，等,2002.从实证角度看我国证券市场的经济"晴雨表"功能：兼议2001年7月以来的股价持续下跌现象 [J].当代经济科学，24（2）：68-72，95.

◎ 孙琳琳，任若恩，2005.中国资本投入和全要素生产率的估算 [J].世界经济，28（12）：3-13.

◎ 孙晓涛，2013.趋势周期分解理论与我国经济的周期 [D].武汉：华中科技大学.

◎ 田存志，程富强，付辉，2016.关于金融市场长记忆性研究的若干争论 [J].经济学动态（6）：141-149.

◎ 田利辉，王冠英，谭德凯，2014.反转效应与资产定价：历史收益率如何影响现在 [J].金融研究（10）：177-192.

◎ 万东华，2009.一种新的经济折旧率测算方法及其应用 [J].统计研究，26（10）：15-18.

◎ 王芳，张文爱，2012.我国股票市场结构突变与双长记忆的实证分析 [J]. 统计与决策（7）：152-155.

◎ 王少平，胡进，2009.中国 GDP 的趋势周期分解与随机冲击的持久效应 [J]. 经济研究，44（4）：65-76.

◎ 王少平，杨洋，2017.中国经济增长的长期趋势与经济新常态的数量描述 [J]. 经济研究，52（6）：46-59.

◎ 王宇洋，2016.非对称均值回归与金融危机的形成机理 [D]. 长春：吉林大学.

◎ 温兴春，2017.投资者情绪变化、货币政策调整对股市涨跌周期的影响：基于异质性预期的股市 DSGE 模型 [J]. 中央财经大学学报（8）：23-36，46.

◎ 吴亮，邓明，2014.分整阶数半参数估计的有限样本性质研究 [J]. 数量经济技术经济研究，31（12）：142-158.

◎ 徐杰，段万春，杨建龙，2010.中国资本存量的重估 [J]. 统计研究，27（12）：72-77.

◎ 杨胜刚，2002.行为金融、噪声交易与中国证券市场主体行为特征研究 [J]. 经济评论（4）：83-85.

◎ 叶青，易丹辉，1999.中国股票市场价格波动与经济波动 [J]. 预测（6）：7-10，29.

◎ 尹海员，朱旭，2019.投资者异质信念、预期演化与股票市场流动性 [J]. 中国管理科学，27（10）：12-21.

◎ 余秋玲，朱宏泉，2014.宏观经济信息与股价联动：基于中国市场的实证分析 [J]. 管理科学学报，17（3）：15-26.

◎ 俞红海，陈百助，蒋振凯，等，2018.融资融券交易行为及其收益可预测性研究 [J]. 管理科学学报，21（1）：72-87.

◎ 张红伟，杨琨，向玉冰，2017.宏观经济周期、企业生产与股票资产定价：基于沪市上市公司的经验研究 [J]. 国际金融研究（5）：76-85.

◎ 张家林，2010.我国新股发行上市制度规范的缺陷及其改善 [J].上海经济研究（12）：66-72.

◎ 张军，吴桂英，张吉鹏，2004.中国省际物质资本存量估算：1952—2000[J].经济研究，39（10）：35-44.

◎ 张琳，张军，王擎，2020.宏观经济信息发布对股票市场收益率及其波动的影响 [J].系统工程理论与实践，40（6）：1439-1451.

◎ 赵振全，苏治，丁志国，2005.我国股票市场收益率非对称均值回归特征的计量检验：基于 ANST-GARCH 模型的实证分析 [J].数量经济技术经济研究，22（4）：107-116.

◎ 赵振全，张宇，2003.中国股票市场波动和宏观经济波动关系的实证分析 [J].数量经济技术经济研究，20（6）：143-146.

◎ 郑挺国，尚玉皇，2014.基于宏观基本面的股市波动度量与预测 [J].世界经济，37（12）：118-139.

◎ 郑挺国，王霞，2010.中国产出缺口的实时估计及其可靠性研究 [J].经济研究，45（10）：129-142.

◎ 朱东辰，余津津，2003.中国股市波动与经济增长关系的实证分析 [J].经济科学（2）：32-39.

◎ 朱宏泉，余江，陈林，2016.异质信念、卖空限制与股票收益：基于中国证券市场的分析 [J].管理科学学报，19（7）：115-126.

◎ 朱小能，陈俊坪，朱杰，2017.生产还是消费：中国股市生产资本资产定价模型实证检验 [J].管理科学学报，20（8）：1-12.

◎ ABADIR K M, DISTASO W, GIRAITIS L, 2007. Nonstationarity-extended local whittle estimation[J]. Journal of Econometrics, 141(2): 1353-1384.

◎ ABEL A B, 1990. Asset prices under habit formation and catching up with the Joneses[J]. American Economic Review, 80(2): 38-42.

◎ ADAM K, BEUTEL J, MARCET A, et al., 2015. Can a financial transaction tax prevent stock price booms?[J]. Journal of Monetary Economics, 76(3): S90-S109.

◎ ADAM K, MARCET A, 2011. Internal rationality, imperfect market knowledge and asset prices[J]. Journal of Economic Theory, 146(3): 1224-1252.

◎ ADAM K, MARCET A, BEUTEL J, 2017. Stock price booms and expected capital gains[J]. American Economic Review, 107(8): 2352-2408.

◎ ADAMS G, MCQUEEN G, WOOD R, 2004. The effects of inflation news on high frequency stock returns[J]. The Journal of Business, 77(3): 547-574.

◎ AGGARWAL R, AGGARWAL R, 1993. Security return distributions and market structure: evidence from the Nyse/amex and the Nasdaq markets[J]. The Journal of Financial Research, 16(3): 209-220.

◎ AKGIRAY V, 1989. Conditional heteroscedasticity in time series of stock returns: evidence and forecasts[J]. The Journal of Business, 62(1): 55-80.

◎ ALLES L A, KLING J L, 1994. Regularities in the variation of skewness in asset returns[J]. The Journal of Financial Research, 17(3): 427-438.

◎ ANDREASSEN P B, KRAUS S J, 1990. Judgmental extrapolation and the salience of change[J]. Journal of Forecasting, 9(4): 347-372.

◎ ARIEL R A, 1987. A monthly effect in stock returns[J]. Journal of Financial Economics, 18(1): 161-174.

◎ ARIÑO M A, MARMOL F, 2004. A permanent-transitory decomposition for ARFIMA processes[J]. Journal of Statistical Planning and Inference, 124(1): 87-97.

◎ ASTILL S, HARVEY D I, LEYBOURNE S J, et al., 2015. Robust and powerful tests for nonlinear deterministic components[J]. Oxford Bulletin of Economics and Statistics, 77(6): 780-799.

◎ ATJE R, JOVANOVIC B, 1993. Stock markets and development[J]. European

Economic Review, 37(2/3): 632-640.

◎ AVERY C, ZEMSKY P, 1998. Multidimensional uncertainty and herd behavior in financial markets[J]. American Economic Review, 88(4): 724-748.

◎ BACCHETTA P, MERTENS E, WINCOOP E V, 2009. Predictability in financial markets: what do survey expectations tell us?[J]. Journal of International Money and Finance, 28(3): 406-426.

◎ BACHELIER L, 1900. Théorie de la speculation[J]. Annales Scientifiques de L'ecole Normale Supérieure, 3(17): 21-86.

◎ BADRINATH S G, CHATTERJEE S, 1991. A data-analytic look at skewness and elongation in common-stock-return distributions[J]. Journal of Business & Economic Statistics, 9(2): 223-233.

◎ BAI J, PERRON P, 1998. Estimating and testing linear models with multiple structural changes[J]. Econometrica, 66(1): 47-78.

◎ BAI L M, YAN S, ZHENG X L, et al., 2015. Market turning points forecasting using wavelet analysis[J]. Physica A: Statistical Mechanics and its Applications, 437(1): 184-197.

◎ BAILLIE R T, BOLLERSLEV T, MIKKELSEN H O, 1996. Fractionally integrated generalized autoregressive conditional heteroskedasticity[J]. Journal of Econometrics, 74(1): 3-30.

◎ BAKSHI G S, CHEN Z W, 1996. The spirit of capitalism and stock-market prices[J]. American Economic Review, 86(1): 133-157.

◎ BALVERS R J, COSIMANO T F, MCDONALD B, 1990. Predicting stock returns in an efficient market[J]. The Journal of Finance, 45(4): 1109-1128.

◎ BALVERS R J, HUANG D Y, 2007. Productivity-based asset pricing: theory and evidence[J]. Journal of Financial Economics, 86(1): 405-445.

◎ BANSAL R, YARON A, 2004. Risks for the long run: a potential resolution of asset pricing puzzles[J]. Journal of Finance, 59(4): 1481-1509.

◎ BANSAL R, KIKU D, SHALIASTOVICH I, et al., 2014. Volatility, the macroeconomy, and asset prices[J]. The Journal of Finance, 69(6): 2471-2511.

◎ BARBERIS N, GREENWOOD R, JIN L, et al., 2015. X-CAPM: An extrapolative capital asset pricing model[J]. Journal of Financial Economics, 115(1): 1-24.

◎ BARBERIS N, THALER R, 2005. A survey of behavioral finance[M]. New Jersey: Princeton University Press.

◎ BAXTER M, KING R G, 1999. Measuring business cycles: approximate band-pass filters for economic time series[J]. The Review of Economics and Statistics, 81(4): 575-593.

◎ BEVERIDGE S, NELSON C R, 1981. A new approach to decomposition of economic time series into permanent and transitory components with particular attention to measurement of the 'business cycle' [J]. Journal of Monetary Economics, 7(2): 151-174.

◎ BLACK R T, DIAZ III J, 1996. The use of information versus asking price in the real property negotiation process[J]. Journal of Property Research, 13(4): 287-297.

◎ BLANCHARD O J, QUAH D, 1989. The dynamic effects of aggregate demand and supply disturbances[J]. American Economic Review, 79(4): 655-673.

◎ BOKHARI S, GELTNER D, 2011. Loss aversion and anchoring in commercial real estate pricing: empirical evidence and price index implications[J]. Real Estate Economics, 39(4): 635-670.

◎ BORIO C, 2014. The financial cycle and macroeconomics: what have we learnt [J]. Journal of Banking & Finance, 45(C): 182-198.

◎ CAMPBELL J Y, 1986. Bond and stock returns in a simple exchange model[J]. Quarterly Journal of Economics, 101(4): 785-803.

◎ CAMPBELL J Y, COCHRANE J H, 1999. By force of habit: a consumption-based explanation of aggregate stock market behavior[J]. Journal of Political Economy, 107(2): 205-251.

◎ CAMPBELL J Y, SHILLER R J, 1988. The dividend-price ratio and expectations of future dividends and discount factors[J]. The Review of Financial Studies, 1(3): 195-228.

◎ CARBONE A, CASTELLI G, STANLEY H E, 2004. Time-dependent Hurst exponent in financial time series[J]. Physica A: Statistical Mechanics and its Applications, 344: 267-271.

◎ CASSELLA S, GULEN H, 2018. Extrapolation bias and the predictability of stock returns by price-scaled variables[J]. The Review of Financial Studies, 31(11): 4345-4397.

◎ CECCHETTI S G, LAM P S, MARK N C, 1990. Mean reversion in equilibrium asset prices[J]. American Economic Review, 80(3): 398-418.

◎ CECCHETTI S G, LAM P S, MARK N C, 2000. Asset pricing with distorted beliefs: are equity returns too good to be true?[J].The American Economic Review, 90(4): 787-805.

◎ CHANG C, CHEN K J, WAGGONER D F, et al., 2016. Trends and cycles in China's macroeconomy[J]. National Bureau of Economic Research Macroeconomics Annual, 30: 1-84.

◎ CHEN P, 1996. A random walk or color chaos on the stock market? Time-frequency analysis of S&P indexes[J]. Studies in Nonlinear Dynamics and Econometrics, 1(2): 87-103.

◎ CHEN A Y, 2017. External habit in a production economy: A model of asset prices and consumption volatility risk[J]. The Review of Financial Studies, 30(8): 2890-2932.

◎ CHRISTIANO L J, FITZGERALD T J, 2003. The band pass filter[J]. International Economic Review, 44(2): 435-465.

◎ CHUN H, KIM J W, MORCK R, 2016. Productivity growth and stock returns: firm-and aggregate-level analyses[J]. Applied Economics, 48(38): 3644-3664.

◎ CLAESSENS S, KOSE M A, TERRONES M E, 2009. What happens during recessions, crunches and busts?[J]. Economic Policy, 24(60): 653-700.

◎ COCHRANE J H, 1991. Production-based asset pricing and the link between stock returns and economic fluctuations[J]. The Journal of Finance, 46(1): 209-237.

◎ COCHRANE J H, 2009. Asset pricing: Revised edition[M].[S.l.]: Princeton University Press.

◎ COCHRANE J H, 2011. Presidential address: Discount rates[J].The Journal of Finance, 66(4): 1047-1108.

◎ COCHRANE J H, 1994. Permanent and transitory components of GNP and stock prices[J]. The Quarterly Journal of Economics, 109(1): 241-265.

◎ COCHRANE J H, SBORDONE A M, 1988. Multivariate estimates of the permanent components of GNP and stock prices[J]. Journal of Economic Dynamics and Control, 12(2-3): 255-296.

◎ CONSTANTINIDES G M, 1990. Habit formation: A resolution of the equity premium puzzle[J]. Journal of Political Economy, 98(3): 519-543.

◎ CROCE M M, 2014. Long-run productivity risk: A new hope for production-based asset pricing?[J]. Journal of Monetary Economics, 66(c): 13-31.

◎ DANIEL K, HIRSHLEIFER D, SUBRAHMANYAM A, 1998. Investor psychology and security market under- and overreactions[J]. The Journal of Finance, 53(6): 1839-1886.

◎ DAVIDSON J, 2004. Moment and memory properties of linear conditional heteroscedasticity models, and a new model[J]. Journal of Business and Economic Statistics, 22(1): 16-29.

◎ DE BONDT W P M, 1993. Betting on trends: intuitive forecasts of financial risk and return[J]. International Journal of Forecasting, 9(3): 355-371.

◎ DE LONG J B, SHLEIFER A, SUMMERS L H, et al., 1990. Noise trader risk in financial markets[J]. Journal of Political Economy, 98(4): 703-738.

◎ DICKEY D A, FULLER W A, 1979. Distribution of the estimators for autoregressive time series with a unit root[J]. Journal of the American Statistical Association, 74(366): 427-431.

◎ DING Z X, GRANGER C W J, ENGLE R F, 1993. A long memory property of stock market returns and a new model[J]. Journal of Empirical Finance, 1(1): 83-106.

◎ DOLATABADI S, NIELSEN M Ø, XU K, 2016. A fractionally cointegrated VAR model with deterministic trends and application to commodity futures markets[J]. Journal of Empirical Finance, 38: 623-639.

◎ DOMINITZ J, MANSKI C F, 2011. Measuring and interpreting expectations of equity returns[J]. Journal of Applied Econometrics, 26(3): 352-370.

◎ EDWARDS S, BISCARRI J G, DE GRACIA F P, 2003. Stock market cycles, financial liberalization and volatility[J]. Journal of International Money and Finance, 22(7): 925-955.

◎ ENDERS W, LI J, 2015. Trend-cycle decomposition allowing for multiple smooth structural changes in the trend of US real GDP[J]. Journal of Macroeconomics, 44(C): 71-81.

◎ ENGLE R F, BOLLERSLEV T, 1986. Modelling the persistence of conditional variances[J]. Econometric Reviews, 5(1): 1-50.

◎ ENGLE R F, GRANGER C W J, 1987. Co-integration and error correction:

representation, estimation, and testing[J]. Econometrica, 55(2): 251-276.

◎ ENGLE R F, GHYSELS E, SOHN B, 2013. Stock market volatility and macroeconomic fundamentals[J]. The Review of Economics and Statistics, 95(3): 776-797.

◎ FAMA E F, 1990. Stock returns, expected returns, and real activity[J]. The Journal of Finance, 45(4): 1089-1108.

◎ FAMA E F, 1965. The behavior of stock-market prices[J]. The Journal of Business, 38(1): 34-105.

◎ FAMA E F, 1970. Efficient capital markets: a review of theory and empirical work[J]. The Journal of Finance, 25(2): 383-417.

◎ FAMA E F, FRENCH K R, 1988. Permanent and temporary components of stock prices[J]. Journal of Political Economy, 96(2): 246-273.

◎ FOX R, TAQQU M S, 1986. Large-sample properties of parameter estimates for strongly dependent stationary Gaussian time series[J]. Annals of Statistics, 14(2): 517-532.

◎ FRICKEY E, 1934. The problem of secular trend[J]. Review of Economics and Statistics, 16(10): 199-206.

◎ GELFAND A E, DEY D K, 1994. Bayesian model choice: asymptotics and exact calculations[J]. Journal of the Royal Statistical Society, 56(3): 501-514.

◎ GEWEKE J, PORTER-HUDAK S, 1983. The estimation and application of long memory time series models[J]. Journal of Time Series Analysis, 4(4): 221-238.

◎ GILOVICH T, VALLONE R, TVERSKY A, 1985. The hot hand in basketball: on the misperception of random sequences[J]. Cognitive Psychology, 17(3): 295-314.

◎ GLOSTEN L R, JAGANNATHAN R, RUNKLE D E, 1993. On the relation between the expected value and the volatility of the nominal excess return on stocks[J]. The Journal of Finance, 48(5): 1779-1801.

◎ GODFREY M D, GRANGER C W J, MORGENSTERN O, 1964. The random-walk hypothesis of stock market behavior[J]. Kyklos, 17(1): 1-30.

◎ GONZALO J, GRANGER C, 1995. Estimation of common long-memory components in cointegrated systems[J]. Journal of Business and Economic Statistics, 13(1): 27-35.

◎ GONZALO J, NG S, 2001. A systematic framework for analyzing the dynamic effects of permanent and transitory shocks[J]. Journal of Economic Dynamics and Control, 25(10): 1527-1546.

◎ GRANGER C W J, 1981. Some properties of time series data and their use in econometric model specification[J]. Journal of Econometrics, 16(1): 121-130.

◎ GRANGER C W J, 1998. Real and spurious long-memory properties of stock-market data: Comment[J]. Journal of Business and Economic Statistics, 16(3): 268.

◎ GRANGER C W J, JOYEUX R, 1980. An introduction to long-memory time series models and fractional differencing[J]. Journal of Time Series Analysis, 1(1): 15-29.

◎ GRANGER C W J, MORGENSTERN O, 1963. Spectral analysis of New York stock market prices[J]. Kyklos, 16(1): 1-27.

◎ GRECH D, MAZUR Z, 2004. Can one make any crash prediction in finance using the local Hurst exponent idea?[J]. Physica A: Statistical Mechanics and its Applications, 336(1/2): 133-145.

◎ GREENWOOD R, SHLEIFER A, 2014. Expectations of returns and expected returns[J]. The Review of Financial Studies, 27(3): 714-746.

◎ GREGORY A W, HANSEN B E, 1996. Residual-based tests for cointegration in models with regime shifts[J]. Journal of Econometrics, 70(1): 99-126.

◎ HAMILTON J D, 1989. A new approach to the economic analysis of nonstationary time series and the business cycle[J]. Econometrica, 57(2): 357-384.

◎ HAMILTON J D, LIN G, 1996. Stock market volatility and the business cycle [J]. Journal of Applied Econometrics, 11(5): 573-593.

◎ HARDING D, PAGAN A, 2002. Dissecting the cycle: a methodological investigation [J]. Journal of Monetary Economics, 49(2): 365-381.

◎ HARRIS R D, 1997. Stock markets and development: a re-assessment[J]. European Economic Review, 41(1): 139-146.

◎ HARTL T, WEIGAND R, 2019. Multivariate fractional components analysis[J]. ArXiv.org, 1:1-39.

◎ HARVEY A C, JAEGER A, 1993. Detrending, stylized facts, and the business cycle[J]. Journal of Applied Econometrics, 8(3): 231-247.

◎ HARVEY A C, 1985. Trends and cycles in macroeconomic time series[J]. Journal of Business & Economic Statistics, 3(3): 216-227.

◎ HARVEY A C, TODD P H J, 1983. Forecasting economic time series with structural and Box-Jenkins models: a case study[J]. Journal of Business and Economic Statistics, 1(4): 299-307.

◎ HECQ A, PALM F C, URBAIN J P, 2000. Permanent‐transitory decomposition in VAR models with cointegration and common cycles[J]. Oxford Bulletin of Economics and Statistics, 62(4): 511-532.

◎ HIRSHLEIFER D, 2001. Investor psychology and asset pricing[J]. Journal of Finance, 56(4): 1533-1597.

◎ HIRSHLEIFER D, LI J, YU J F, 2015. Asset pricing in production economies with extrapolative expectations[J]. Journal of Monetary Economics, 76: 87-106.

◎ HODRICK R J, PRESCOTT E C, 1997. Postwar US business cycles: an empirical investigation[J]. Journal of Money, Credit and Banking, 29(1): 1-16.

◎ HUANG N E, SHEN Z, LONG S R, et al., 1998. The empirical mode decomposition and the Hilbert spectrum for nonlinear and non-stationary time series analysis[J]. Proceedings of the Royal Society of London, 454: 903-995.

◎ HURST H E, 1951. Long-term storage capacity of reservoirs[J]. Transactions of the American Society of Civil Engineers, 116(1): 770-799.

◎ İMROHOROĞLU A, TÜZEL Ş, 2014. Firm-level productivity, risk, and return [J]. Management science, 60(8): 2073-2090.

◎ IRAOLA M A, SANTOS M S, 2017. Asset price volatility, price markups, and macroeconomic fluctuations[J]. Journal of Monetary Economics, 90(C): 84-98.

◎ JAFFARD S, 1997. Multifractal formalism for functions[J]. SIAM Journal on Mathematical Analysis, 28(4): 944-970.

◎ JAFFARD S, LASHERMES B, ABRY P, 2006. Wavelet leaders in multifractal analysis[M]//QIAN T, VAI M I, XU Y S. Wavelet Analysis and Applications, Basel: Birkhäuser Verlag: 201-246.

◎ JIANG Z Q, XIE W J, ZHOU W X, et al., 2019. Multifractal analysis of financial markets: a review[J]. Reports on Progress in Physics, 82(12): 125901.

◎ JOHANSEN S, 1988. Statistical analysis of cointegration vectors[J]. Journal of Economic Dynamics and Control, 12(2/3): 231-254.

◎ JOHANSEN S, 1995. Likelihood-based inference in cointegrated vector autoregressive models[M]. Oxford: Oxford University Press.

◎ JOHANSEN S, 2008. A representation theory for a class of vector autoregressive models for fractional processes[J]. Econometric Theory, 24(3): 651-676.

◎ JOHANSEN S, MOSCONI R, NIELSEN B, 2000. Cointegration analysis in the presence of structural breaks in the deterministic trend[J]. The Econometrics Journal, 3(2): 216-249.

◎ JOHANSEN S, NIELSEN M Ø, 2012. Likelihood inference for a fractionally cointegrated vector autoregressive model[J]. Econometrica, 80(6): 2667-2732.

◎ JOHANSEN S, NIELSEN M Ø, 2016. The role of initial values in conditional sum-of-squares estimation of nonstationary fractional time series models[J]. Econometric Theory, 32(5): 1095-1139.

◎ JOVANOVIC B, ROUSSEAU P L, 2003. Two technological revolutions[J]. Journal of the European Economic Association, 1(2/3): 419-428.

◎ KING R, PLOSSER C, STOCK J, et al., 1991. Stochastic trends and economic fluctuations[J]. American Economic Review, 81(4): 819-840.

◎ KITCHIN J, 1923. Cycles and trends in economic factors[J]. The Review of Economics and Statistics, 5(1): 10-16.

◎ KLEIN L R, KOSOBUD R, 1961. Some econometrics of growth: great ratios of economics[J]. Quarterly Journal of Economics, 75(2): 173-198.

◎ KOSKINEN L, ÖLLER L E, 2004. A classifying procedure for signaling turning points[J]. Journal of Forecasting, 23(3): 197-214.

◎ KRISTOUFEK L, 2010. Local scaling properties and market turning points at Prague stock exchange[J]. Acta Physica Polonica B, 41(6): 1223-1236.

◎ KUNSCH H R, 1987. Statistical aspects of self-similar processes[J]. Proceedings of the First World Congress of the Bernoulli Society, 1: 67-74.

◎ KURZ M, 1968. Optimal economic growth and wealth effects[J]. International Economic Review, 9(3): 348-357.

◎ LAITNER J, STOLYAROV D, 2003. Technological change and the stock market [J]. American Economic Review, 93(4): 1240-1267.

◎ LAMOUREUX C G, LASTRAPES W D, 1990. Heteroskedasticity in stock return data: volume versus GARCH effects[J]. The Journal of Finance, 45(1): 221-229.

◎ LANSING K J, 2006. Lock-in of extrapolative expectations in an asset pricing model[J]. Macroeconomic Dynamics, 10(3): 317-348.

◎ LASFER M A, MELNIK A, THOMAS D C, 2003. Short-term reaction of stock markets in stressful circumstances[J]. Journal of Banking and Finance, 27(10): 1959-1977.

◎ LASHERMES B, JAFFARD S, ABRY P, 2005. Wavelet leader based multifractal analysis[J]. Proceedings of the International Conference on Acoustics, Speech, and Signal Processing, 4: 161-164.

◎ LEE B S, 1995. The response of stock prices to permanent and temporary shocks to dividends[J]. Journal of Financial and Quantitative Analysis, 30(1): 1-22.

◎ LEROY S F, 1982. Expectations models of asset prices: a survey of theory[J]. Journal of Finance, 37(1): 185-217.

◎ LEVINE R, ZERVOS S, 1996. Stock market development and long-run growth [J]. World Bank Economic Review, 10(2): 323-339.

◎ LEWELLEN J, NAGEL S, 2006. The conditional CAPM does not explain asset-pricing anomalies[J]. Journal of Financial Economics, 82(2): 289-314.

◎ LIU X L, WHITED T M, ZHANG L, 2009. Investment-based expected stock returns[J]. Journal of Political Economy, 117(6): 1105-1139.

◎ LO A W, 1991. Long-term memory in stock market prices[J]. Econometrica, 59(3): 1279-1313.

◎ LO A W, 2004. The adaptive markets hypothesis: market efficiency from an evolutionary perspective[J]. Journal of Portfolio Management, 30: 15-29.

◎ LO A W, MACKINLAY A C, 1988. Stock market prices do not follow random walks: evidence from a simple specification test[J]. Review of Financial Studies, 1(1): 41-66.

◎ LO A W, MACKINLAY A C, 1989. The size and power of the variance ratio test in finite samples: a Monte Carlo investigation[J]. Journal of Econometrics, 40(2): 203-238.

◎ LO A W, MACKINLAY A C, 1999. A non-random walk down Wall Street[M]. New Jersey: Princeton University Press.

◎ LOBATO I N, SAVIN N E, 1998. Real and spurious long-memory properties of stock-market data[J]. Journal of Business and Economic Statistics, 16(3): 261-268.

◎ LONG D M, PAYNE J D, FENG C Y, 1999. Information transmission in the Shanghai equity market[J]. The Journal of Financial Research, 22(1): 29-45.

◎ LOPES R, BETROUNI N, 2009. Fractal and multifractal analysis: a review[J]. Medical Image Analysis, 13(4): 634-649.

◎ LORD C G, ROSS L, LEPPER M R, 1979. Biased assimilation and attitude polarization: the effects of prior theories on subsequently considered evidence[J]. Journal of Personality and Social Psychology, 37(11): 2098-2109.

◎ LUCAS J R R E, 1978. Asset prices in an exchange economy[J]. Econometrica, 46(6): 1429-1445.

◎ MADSEN J B, DAVIS E P, 2006. Equity prices, productivity growth and 'the new economy' [J]. Economic Journal, 116(513): 791-811.

◎ MALKIEL B G, 1973. A random walk down wall street[M]. New York: W. W. Norton and Company.

◎ MANDELBROT B B, 1999. A multifractal walk down Wall Street[J]. Scientific American, 280(2): 70-73.

◎ MANKIW N G, SHAPIRO M D, 1986. Risk and return: consumption beta versus market beta[J]. Review of Economics and Statistics, 68(3): 452-459.

◎ MATIA K, ASHKENAZY Y, STANLEY H E, 2003. Multifractal properties of price fluctuations of stocks and commodities[J]. Europhysics Letters, 61(3): 422-428.

◎ MAYORAL L, 2012. Testing for fractional integration versus short memory with structural breaks[J]. Oxford Bulletin of Economics and Statistics, 74(2): 278-305.

◎ MCQUEEN G, ROLEY V V, 1993. Stock prices, news, and business conditions [J]. Review of Financial Studies, 6(3): 683-707.

◎ MEHRA R, PRESCOTT E C, 1985. The equity premium: a puzzle[J]. Journal of Monetary Economics, 15(2): 145-161.

◎ MEHRA R, SAH R, 2002. Mood fluctuations, projection bias, and volatility of equity prices[J]. Journal of Economic Dynamics and Control, 26(5): 869-887.

◎ MERTON R C, 1973. An intertemporal capital asset pricing model[J]. Econometrica, 41(5): 867-887.

◎ MEYER Y, 1998. Wavelets, vibrations and scalings[M]. Providence: American Mathematical Society.

◎ MOËS P, 2012. Multivariate models with dual cycles: implications for output gap and potential growth measurement[J]. Empirical Economics, 42(3): 791-818.

◎ MORANA C, 2004. Frequency domain principal components estimation of fractionally cointegrated processes[J]. Applied Economics Letters, 11(13): 837-842.

◎ MORLEY J C, 2002. A state-space approach to calculating the Beveridge-Nelson decomposition[J]. Economics Letters, 75(1): 123-127.

◎ MORLEY J C, NELSON C R, ZIVOT E, 2003. Why are the Beveridge-Nelson and unobserved-components decompositions of GDP so different?[J]. Review of Economics and Statistics, 85(2): 235-243.

◎ MUTH J F, 1961. Rational expectations and the theory of price movements[J].

Econometrica, 29(3): 315-335.

◎ NEWBOLD P, 1990. Precise and efficient computation of the Beveridge-Nelson decomposition of economic time series[J]. Journal of Monetary Economics, 26(3): 453-457.

◎ NELSON C R, KANG H, 1981. Spurious periodicity in inappropriately detrended time series[J]. Econometrica, 49(3): 741-751.

◎ NELSON C R, PLOSSER C R, 1982. Trends and random walks in macroeconomic time series: some evidence and implications[J]. Journal of Monetary Economics, 10(2): 139-162.

◎ OFFICER R R, 1973. The variability of the market factor of the New York Stock Exchange[J]. Journal of Business, 46(3): 434-453.

◎ OHANISSIAN A, RUSSELL J R, TSAY R S, 2008. True or spurious long memory? A new test[J]. Journal of Business and Economic Statistics, 26(2): 161-175.

◎ OTCHERE I, CHAN J, 2003. Short-term overreaction in the Hong Kong stock market: can a contrarian trading strategy beat the market?[J]. Journal of Behavioral Finance, 4(3): 157-171.

◎ PAGAN A R, SOSSOUNOV K A, 2003. A simple framework for analysing bull and bear markets[J]. Journal of Applied Econometrics, 18(1): 23-46.

◎ PENG C K, BULDYREV S V, HAVLIN S, et al., 1994. Mosaic organization of DNA nucleotides[J]. Physical Review E, 49(2): 1685-1689.

◎ PERRON P, 1989. The great crash, the oil price shock, and the unit root hypothesis [J]. Econometrica, 57(6): 1361-1401.

◎ PERRON P, WADA T, 2009. Let's take a break: trends and cycles in US real GDP[J]. Journal of Monetary Economics, 56(6): 749-765.

◎ PETERS E E, 1994. Fractal market analysis: applying chaos theory to investment and economics[M]. New York: John Wiley and Sons.

◎ POTERBA J M, SUMMERS L H, 1988. Mean reversion in stock prices: evidence and implications[J]. Journal of Financial Economics, 22(1): 27-59.

◎ QU Z J, 2011. A test against spurious long memory[J]. Journal of Business and Economic Statistics, 29(3): 423-438.

◎ RANGVID J, 2006. Output and expected returns[J]. Journal of Financial Economics, 81(3): 595-624.

◎ ROBINSON P M, 1995. Gaussian semiparametric estimation of long range dependence[J]. Annals of Statistics, 23(5): 1630-1661.

◎ SAMUELSON P A, 1965. Proof that properly anticipated prices fluctuate randomly[J]. Industrial Management Review, 6(2): 41-49.

◎ SCHWERT G W, 1990. Stock returns and real activity: a century of evidence[J]. Journal of Finance, 45(4): 1237-1257.

◎ SERRANO E, FIGLIOLA A, 2009. Wavelet leaders: a new method to estimate the multifractal singularity spectra[J]. Physica A: Statistical Mechanics and its Applications, 388(14): 2793-2805.

◎ SHEFRIN H, 2001. Behavioral corporate finance[J]. Journal of Applied Corporate Finance, 14(3): 113-126.

◎ SHILLER R J, 1981. Do stock prices move too much to be justified by subsequent changes in dividends?[J]. American Economic Review, 71(3): 421-436.

◎ SHLEIFER A, VISHNY R W, 1997. The limits of arbitrage[J]. Journal of Finance, 52(1): 35-55.

◎ SIMS C A, 1980. Macroeconomics and reality[J]. Econometrica, 48(1): 1-48.

◎ SIMS C A, WAGGONER D F, ZHA T, 2008. Methods for inference in large multiple-equation Markov-switching models[J]. Journal of Econometrics,

146(2): 255-274.

◎ SIMS C A, ZHA T, 1998. Bayesian methods for dynamic multivariate models[J]. International Economic Review, 39(4): 949-968.

◎ SOWELL F, 1992. Maximum likelihood estimation of stationary univariate fractionally integrated time series models[J]. Journal of Econometrics, 53(1/3): 165-188.

◎ STOCK J H, WATSON M W, 1988. Testing for common trends[J]. Journal of the American Statistical Association, 83(404): 1097-1107.

◎ STOCK J H, WATSON M W, 2014. Estimating turning points using large data sets[J]. Journal of Econometrics, 178(P2): 368-381.

◎ SUNDARESAN S M, 1989. Intertemporally dependent preferences and the volatility of consumption and wealth[J]. The Review of Financial Studies, 2(1): 73-89.

◎ TAN Z X, LIU J, CHEN J J, 2021. Detecting stock market turning points using wavelet leaders method[J]. Physica A: Statistical Mechanics and its Applications, 565(1): 125560.

◎ TANG Y N, CHEN P, 2015. Transition probability, dynamic regimes, and the critical point of financial crisis[J]. Physica A: Statistical Mechanics and its Applications, 430(15): 11-20.

◎ TVERSKY A, KAHNEMAN D, 1974. Judgment under uncertainty: heuristics and biases[J]. Science, 185(4157): 1124-1131.

◎ TVERSKY A, KAHNEMAN D, 1992. Advances in prospect theory: cumulative representation of uncertainty[J]. Journal of Risk and Uncertainty, 5(4): 297-323.

◎ VISSING-JØRGENSEN A, 2002. Limited asset market participation and the elasticity of intertemporal substitution[J]. Journal of Political Economy, 110(4):

825-853.

◎ WECKER W E, 1979. Predicting the turning points of a time series[J]. Journal of Business, 52: 35-50.

◎ WEIL P, 1989. The equity premium puzzle and the risk-free rate puzzle[J]. Journal of Monetary Economics, 24(3): 401-421.

◎ WENDT H, ABRY P, 2007. Multifractality tests using bootstrapped wavelet leaders[J]. IEEE Transactions on Signal Processing, 55(10): 4811-4820.

◎ WENDT H, DOBIGEON N, TOURNERET J Y, et al., 2013. Bayesian estimation for the multifractality parameter[J]. Proceedings of International Conference on Acoustics, Speech and Signal Processing, 5: 6556-6560.

◎ WEINSTEIN N D, 1980. Unrealistic optimism about future life events[J]. Journal of Personality and Social Psychology, 39(5): 806-820.

◎ WHEATON W C, 1987. The cyclic behavior of the national office market[J]. Journal of the American Real Estate and Urban Economics Association, 15(4): 281-299.

◎ WOLD H, 1938. A study in the analysis of stationary time series[M]. Stockholm: Almquist and Wiksell.

◎ WU Z H, HUANG N E, 2009. Ensemble empirical mode decomposition: a noise-assisted data analysis method[J]. Advances in Adaptive Data Analysis, 1(1): 1-41.

◎ ZAKOIAN J M, 1994. Threshold heteroskedastic models[J]. Journal of Economic Dynamics and Control, 18(5): 931-955.

◎ ZHANG X F, 2006. Information uncertainty and stock returns[J]. Journal of Finance, 61(1): 105-137.

◎ ZHENG X L, CHEN B M, 2013. Stock market modeling and forecasting[M].

London: Springer.

◎ ZUNINO L, TABAK B M, FIGLIOLA A, et al., 2008. A multifractal approach for stock market inefficiency[J]. Physica A: Statistical Mechanics and its Applications, 387(26): 6558-6566.